Rathjen · James Joyce jongliert

Friedhelm Rathjen

James Joyce jongliert

Genese und Konzeption von *Finnegans Wake*

Eine Einführung mit Textbeispielen

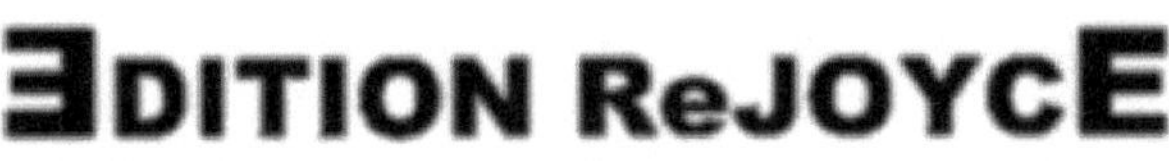

2020

„Hier *ist* die Form der Inhalt, der Inhalt *ist* die Form. Sie beklagen sich, weil das
Zeug nicht englisch geschrieben ist. Es ist übrhaupt nicht geschrieben worden.
Es ist nicht zum Lesen da – oder besser, es ist nicht nur zum Lesen da.
Es ist dazu da, angesehen und angehört zu werden. Er schreibt nicht *über* etwas;
sein Schreiben ist dieses etwas selbst.“

Samuel Beckett über *Finnegans Wake*, 1929

EDITION ReJOYCE

Bd. 83

Bibliografische Information der Deutschen Bibliothek:

Die Deutsche Bibliothek verzeichnet diese Publikation in der Deutschen Nationalbiblio-
grafie; detaillierte bibliografische Daten sind im Internet über <http://dnb.ddb.de> abrufbar.

EDITION ReJOYCE Südwesthörn 2020
rejoyce@gmx.de
Satz, Titelfoto und Umschlaggestaltung: Friedhelm Rathjen
Herstellung: Books on Demand GmbH, Norderstedt
ISBN 978-3-947261-17-8

Inhalt

Vorbemerkung

Dem Joyceschen Spätwerk *Finnegans Wake* geht ein Ruf voraus, der nicht anders als abschreckend wirken kann, auch wenn er nicht immer so gemeint ist. Mit diesem Buch möchte ich dazu beitragen, zu zeigen, daß *Finnegans Wake* keineswegs unzugänglich ist, auch wenn zugegeben sei, daß die Orientierung im Text schwerfallen kann, dies insbesondere beim Versuch, sie ohne Hilfsmittel zu bewerkstelligen. Ich biete hauptsächlich zwei solche Hilfsmittel an, nämlich erstens eine Schilderung der Textentstehung insbesondere in jener frühen Phase, in der Joyce selbst hinsichtlich seines neues Schreibprojekts noch ebenso desorientiert war wie später seine Leserschaft, und zweitens einen teils erklärenden, teils veranschaulichenden Gang durch das fertige Werk.

Meine Einführung ist speziell gedacht für eine deutschsprachige Leserschaft, für die sich zusätzlich zu allen übrigen Schwierigkeiten auch noch diejenige stellt, die sich aus einer mangelnden Vertrautheit mit der englischen Sprache in ihren feinsten Verästelungen ergibt. Um zumindest diese Schwierigkeit aus der Welt zu schaffen, zitiere ich Joyce und alle seine Texte – also auch *Finnegans Wake* und seine Vorstufen – stets in deutscher Übersetzung. *Finnegans Wake* läßt sich allerdings niemals übersetzen ohne das Risiko, wichtige Ebenen oder Details des Originaltextes zu übersehen, mißzuverstehen oder nur defizitär wiederzugeben. Um diesem unausweichlichen Manko gerecht zu werden, gebe ich alle Zitate aus *Finnegans Wake* und seinen Vorstufen zusätzlich zur deutschen Übersetzung auch im Original – und der Vergleich lohnt sich stets!

Südwesthörn, 2. Februar 2020   F.R.

Von Roderick O'Connor zu H. C. Earwicker

Die Anfänge von *Finnegans Wake*

Unter das Ende seiner drei Romane setzte James Joyce jeweils Daten zu Ort und Zeit ihrer Entstehung:

- *A Portrait of the Artist as a Young Man*: „Dublin 1904 / Triest 1914";
- *Ulysses*: „Triest-Zürich-Paris, 1914-1921";
- *Finnegans Wake*: „Paris, / 1922-1939".

Diese Daten erwecken den Eindruck, Joyce habe zeit seines schriftstellerischen Lebens kontinuierlich und zielgerichtet nur an seinen Texten gearbeitet, doch dieser Eindruck täuscht. Tatsächlich hat es (teils auch jahrelange) Phasen gegeben, in denen die Arbeit unterbrochen war und ruhte; die Ursachen waren schöpferische Krisen, private Mißhelligkeiten oder (meist) eine Mischung aus beidem. Solche Phasen traten während der Arbeit an jedem einzelnen der drei Romane auf, aber auch zwischen der Beendigung der einen und dem Beginn der nächsten Arbeit gab es kreative Lücken – was nicht unbedingt heißt, daß Joyce in dieser Zeit gar nichts tat, denn er war nicht nur ein Genie der Literatur, sondern auch ein Genie der Selbstvermarktung und als solches für sein Werk auch dann vielfach tätig, wenn er nicht direkt daran arbeitete.

Dies gilt namentlich für die Zeit zwischen Beendigung des *Ulysses* und Beginn der Arbeit an *Finnegans Wake*. Die letzte *Ulysses*-Episode, die Joyce schrieb, war nicht die „Penelope"-Episode, die als 18. den Abschluß des Romans bildet, sondern als letzte schrieb er die 17.; am 30. Oktober 1921 vermeldete er dem französischen Schriftsteller Valery Larbaud, der sich für sein Werk einsetzte: „Ich habe *Ithaka* gestern nacht fertig geschrieben, so daß die Niederschaft von *Ulysses* jetzt beendet ist"[1]. Die Vokabel „beendet" ist insofern mit einer gewissen Einschränkung zu versehen, als Joyce selbst während der Drucklegung noch am Text weiterfeilte und ihn in

---

[1] James Joyce, *Briefe II*, hg. v. Richard Ellmann, üb. v. Kurt Heinrich Hansen (Frankfurt a.M.: Suhrkamp 1970), S. 877 (an Valery Larbaud, 30.10.21).

den Druckfahnen durch immer wieder neue Einschübe beträchtlich erweiterte, aber auch diese Arbeiten mußten notgedrungen irgendwann ihr natürliches Ende finden, bedingt auch durch den Joyceschen Wunsch, sein Buch müsse unbedingt an seinem 40. Geburtstag erscheinen. Wenige Tage vor diesem runden Geburtstag des Autors endete mithin die Arbeit am *Ulysses* endgültig.

Nach dem Erscheinen des *Ulysses* in Buchform in Paris am 2. Februar 1922 war James Joyce etliche Monate lang fast ausschließlich damit beschäftigt, den Erfolg dieses Romans zu organisieren und zu verwalten; Presseartikel über den *Ulysses* wurden von Joyce oft direkt oder indirekt selbst angeregt, und gleichzeitig verwandte er einige Mühe drauf, alle weiteren Artikel zu ermitteln, zu studieren und für die weitere Pressearbeit auszuschlachten. Das alles war naturgemäß ein internationales Unterfangen.

Im Oktober 1922 erschien in der ersten Nummer der von T. S. Eliot herausgegebenen Zeitschrift *Criterion* nicht nur Eliots Langgedicht *The Waste Land* (gleichsam der *Ulysses* der Lyrik), in dem auf den Mythos von Tristan und Isolde auf dem Umweg über Wagner angespielt wird, sondern auch die englische Übersetzung von Valery Larbauds Einführung in den *Ulysses* sowie der erste Teil eines Artikels von T. Sturge Moore unter dem Titel „The Story of Tristan and Isolt in Modern Poetry", dessen zweiter Teil dann im Januar 1923 folgte.[2] Joyce, der sich auch zuvor schon an dem Tristan-und-Isolde-Stoff interessiert gezeigt hatte[3] und der für nicht allzu

---

[2]   Vgl. T. Sturge Moore, „The Story of Tristram and Isolt in Modern Poetry. Part I", in *The Criterion* 1.1 (Oktober 1922), S. 34-49; T. S. Eliot, *The Waste Land*, ebd., S. 50-64; Valery Larbaud, „The *Ulysses* of James Joyce", ebd., S. 94-103; T. Sturge Moore, „The Story of Tristram and Isolt in Modern Poetry. Part II", in *The Criterion* 1.2 (Januar 1923), S. 171-187.

[3]   Vgl. James Joyce am 15. November 1917, zitiert nach Georges Borach, „Gespräche mit James Joyce", in *Das James Joyce Lesebuch* (Zürich: Diogenes 1979), S. 232-237, hier S. 234: „Es gibt wohl kaum mehr als zwölf Urthemata in der Weltliteratur. Daneben eine Unmenge Kombinationen derselben. ‚Tristan und Isolde' ist ein solches Urthema. Wagner hat es immer abgewandelt, oft unbewußt, im ‚Lohengrin', im ‚Tannhäuser', und als er vermeinte, etwas ganz Neues zu behandeln, schrieb er den ‚Parsifal'." – In der Joyce-Forschung herrscht weitgehend Einigkeit darüber, daß die Joycesche Sicht auf den Tristan-und-Isolde-Stoff sich hauptsächlich aus zwei Quellen speist, einerseits Wagners Oper und andererseits der Behandlung

offensichtliche Zusammenhänge immer zu haben war, las den zweiteiligen Artikel von T. Sturge Moore mit dem Stift in der Hand und notierte sich einige Formulierungen in seine aktuelle Notizkladde[4]. Noch dienten diese Notizen keinem speziellen Zweck, doch das sollte sich bald ändern.

Am 10. März 1923 entstehen, wie Joyce tags darauf stolz vermeldet, „zwei Seiten" einer neuen Arbeit, „das erste, was ich seit dem abschließenden *Ja* von *Ulysses* schrieb."[5] Es handelt sich um eine fragmentarische Skizze über König Roderick O'Conor, die später ins 3. Kapitel im II. Buch von *Finnegans Wake* eingehen wird[6]. Von *Finnegans Wake* aber ist zu diesem Zeitpunkt noch nicht entfernt die Rede; Joyce scheint selbst noch nicht recht zu wissen, wohin ihn die Initialzündung führen wird.

> So anyhow to wind up after the beanfeast was all over poor old King Roderick O'Conor the last king of all Ireland who was anything you like between fiftyfour and fiftyfive years of age at the time after the socalled last supper he gave or at least he wasn't actually the then last king of all Ireland for the time being because he was still such as he was the King of all Ireland after the last King of all Ireland Art MacMurrough Kavanagh who was King of all Ireland before he was anyhow what did he too King Roderick O'Conor the respected King of all Ireland at the time after they were all of them when he was all by himself but he just went heeltapping round his own right royal round rollicking table faith he sucked up sure enough like a Trojan in some particular cases with the assistance of his venerated tongue one after the other in strict order

---

des Stoffs durch den Romanisten Joseph Bédier (*Le roman de Tristan et Iseut*, 1900; *Le roman de Tristan par Thomas*, 1902/05; *Les deux poèmes de la folie Tristan*, 1907). Joyce kannte aber auch die Bearbeitungen etwa durch Swinburne, Beardsley und Tennyson; wichtige Anregungen entnahm er außerdem den *Instigations* (1919) von Ezra Pound. Zu weiteren Einflüssen auf die Joycesche Konzeption von Tristan und Isolde vgl. David Hayman, *The "Wake" in Transit* (Ithaca / London: Cornell University Press 1990), S. 56-92: „Tristan and Isolde: Rethinking *Exiles* and Beginning the *Wake*".

[4] Vgl. James Joyce, *The Finnegans Wake Notebooks at Buffalo. Notebook VI.B.10*, hg. v. Vincent Deane, Daniel Ferrer u. Geert Lernout (Turnhout: Brepols 2001), S. 31 f.

[5] Joyce, *Briefe II*, a.a.O., S. 941 (an Harriet Shaw Weaver, 11.3.23).

[6] Vgl. James Joyce, *Finnegans Wake* (London: Faber 1939), S. 380-382.

of rotation whatever happened to be left in the different bottoms of
the various drinking utensils left there behind them by the departed
honourable guests such as it was either Guiness's or Phoenix
Brewery Stout or John Jameson and Sons or for that O'Connell's
Dublin ale as a fallback of several different quantities amounting in
all to I should say considerably more than the better part of an gill
or naggin of imperial dry and liquid measure.[7]

Übersetzt:

Um also zum Ende zu kommen nachdem das ganze Bohnenfest-
essen ganz vorbei war tat der arme alte König Roderick O'Conor
der letzte König von ganz Irland welcher irgendwas ganz nach
deinem Belieben zwischen vierundfünfzig und fünfundfünfzig Jahre
alt war zu jener Zeit nach dem sogenannten letzten Abendmahl das
er da gab oder zumindest war er nicht wirklich der damals letzte
König von ganz Irland bis auf weiteres weil er immer noch so wie
er selber war der König von ganz Irland nach dem letzten König
von ganz Irland Art MacMurrough Kavanagh der König von ganz
Irland war bevor er's war jedenfalls was tat er dazu König Roderick
O'Conor der geachtete König von ganz Irland zu jener Zeit da sie
alle zusammen als er ganz für sich war aber da tat er einfach hack-
klabastern um seinen eigenen königlich runden radaulichen Tisch
herum meiner Treu er leckte doch tatsächlich auf wie ein Trojaner
mit dem Beistande seiner vielverehrten Zunge eins nach dem andern
in strenger rotierender Ordnung was da gerade mal übergelassen
worden war auf den verschiedenen Böden der diversen verschiedenen Trinkutensilien welche dort hinter sich zurückgelassen worden

---

[7] Zitiert nach der von David Hayman erstmals veröffentlichten Frühfassung in
A First-Draft Version of Finnegans Wake, hg. v. David Hayman (Austin:
University of Texas Press 1963), S. 203 f., unter Weglassung aller nachträglichen Textänderungen. Dies ist offenbar der zweite Joycesche Entwurf der
Skizze; der erste hat sich nicht erhalten. – Eine auf das selbe Manuskript
zurückgehende, aber etwas abweichend eingerichtete Fassung von „King
Roderick O'Conor" druckt Danis Rose in seiner Edition *Finn's Hotel* unter
dem Titel „The House of a Hundred Bottles", im Internet zugänglich unter
<http://jjda.ie/main/JJDA/f/flex/z/lexfh.htm>, Abschnitt VIII. Vgl. die deut-
sche Fassung in James Joyce, *Finn's Hotel*, hg. & eingerichtet v. Danis
Rose, mit einer Einführung v. Seamus Deane, üb. v. Friedhelm Rathjen
(Berlin: Suhrkamp 2014), S. 75-79: „Das Haus von hundert Flaschen".

von den hingegangenen ehrenwerten Gästen wie es sich ergab entweder Guiness's oder Phœnixbrauerstout oder John Jameson and Sons oder was das betrifft O'Connells dubliner Ale als Reserve unterschiedlicher Quantitäten welche sich alles in allem möcht ich sagen auf beträchtlich mehr summierten als den besseren Großteil eines Viertels oder Achtels nach imperialem Trocken- und Flüssigmaß.

Nach „King Roderick O'Conor" schreibt Joyce einige weitere Skizzen über Helden der frühirischen Geschichte und Mythologie; er probiert dabei unterschiedliche Schreibstile aus. Über sein Verfahren wird er seiner Gönnerin Harriet Shaw Weaver noch im Oktober schreiben: „Ich arbeite so viel ich kann, weil dies keine Fragmente, sondern lebendige Elemente sind, und wenn mehr hinzukommen und sie ein bißchen älter sind, werden sie sich von selbst ineinanderfügen."[8] Wahrscheinlich als zweite Skizze entsteht Mitte März 1923 ein Text über den heiligen Kevin:

Kevin born on the island of Ireland in the Irish ocean goes to Lough Glendalough where pious Kevin lives alone on an isle in the lake on which isle is a pond in which is an islet whereon holy Kevin builds a beehive hut the floor of which most holy Kevin excavates to a depth of one foot after which done venerable Kevin goes to the lakeside and fills time after time a tub with water which time after time most venerable Kevin empties into the cavity of his hut thereof creating a pool having done which blessed Kevin half fills the tub once with water which tub then most blessed Kevin sets in the centre of the pool after which saint Kevin pulls up his frock to his loins and seats himself, blessed saint Kevin, in his circumferential hiptubbath where with ardour, Doctor solitarius, he meditates with ardour the sacrament of baptism or the regeneration of man by water.[9]

---

[8]   Joyce, *Briefe II*, a.a.O., S. 953 (an Harriet Shaw Weaver, 9.10.23).

[9]   Zitiert nach dem Abdruck der ersten Fassung in *A First-Draft Version of Finnegans Wake*, a.a.O., S. 273 f., unter Weglassung aller nachträglichen Textänderungen. Vgl. die weiterbearbeitete Version in der Edition von Danis Rose, *Finn's Hotel*, unter dem Titel „A Tale of a Tub", im Internet zugänglich unter <http://jjda.ie/main/JJDA/f/flex/z/lexfh.htm>, Abschnitt III; deutsche Fassung in Joyce, *Finn's Hotel*, a.a.O., S. 43-46: „Ein Märchen von

Übersetzt:

> Kevin welcher geboren auf der Insel Irland im Irischen Ozean zieht gen Lough Glendalough wo der fromme Kevin allein auf einem Eiland im See lebt auf welchselbigem Eiland ein Teich ist in welchem ein Inselchen ist auf welchem der heilige Kevin eine Bienenkorbhütte erbaut deren Fußboden der höchst heilige Kevin bis zu einer Tiefe von einem Fuß ausgräbt wonach welches getan der ehrwürdige Kevin ans Seeufer geht und ein ums andre Mal die Tonne mit Wasser füllt welches der höchst ehrwürdige Kevin ein ums andre Mal in die Höhlung seiner Hütte entleert und hiedurch einen Tümpel erschafft nachdem welches er getan der selige Kevin eine Tonne einmal halb mit Wasser füllt welchselbige Tonne der höchst selige Kevin sodann mittig in den Tümpel setzt wonach Sankt Kevin sich die Kutte bis zu den Lenden hochzieht und sich niederläßt, der selige Sankt Kevin, in seinem zirkumferenziellen Hüfttonnenbad wo, Doktor Solitarius, er voller Inbrust über das Sakrament der Taufe oder die Erneuerung des Menschen durch Wasser meditiert.

Als nächstes folgen dann ab Ende März 1923 in sukzessiven Fassungen mehrere Teilversionen einer Skizze über Tristan und Isolde, die sich am sinnvollsten in folgende Abfolge bringen lassen:

> [He, the gentleman, was sodavisaged. First he was rather liable to piles procured by sitting on stone walls and over and above that by medical advice of Dr Codd he had been lowering daily draughts of extract of willow bark to keep off the Hibernian flu. With feverish pallor he beheld the holy ghosts of his undergradual loves, Henriette atop of the haycock, Nenette de l'Eglise behind the taproom, Marie Louise all fun and fleas, tipsy Suzanne catch as catch can, and, last but not least, the rawboned housekeeper of the local parish priest. Ghastlily, he pastloveyed her.
> – Smiling Johnny, pleaded she, do you care | for me just a little?
>   Partially selfstrangled he replied:
> – Lady, I am not worthy. If you but knew. Why were we born in two different places? Wherefore have we met yesterday so to speak?

---

einer Tonne". Die stark veränderte endgültige Fassung findet sich in Joyce, *Finnegans Wake*, a.a.O., S. 604-606.

Why this strangulation, this yearning for a *bonum arduum* as distinguished from a *bonum simpliciter*? Wellaway, alas, for death in, with, for and on account of my wellbeloved I mutely yearn.

– O, can that sobstuff. My loveman must not talk like that, answered Isolde impatiently after her waiting patiently all through the damned old dinner of burnt loinchops and ignoble potatoes with everybody talking about loinchops and potatoes and the pig's arse and cabbage of the day before and the silverside boiled cowbeef of the day before that again with purpletop swedes and equally ignoble potatoes without a morsel of appetite. Love she wanted, the best obtainable, true new blind bottomless love at first sight for which reason she again kissed him and he, being a gentleman, counterkissed because it was his one maxim in life that if a lady, for example, wanted a bite of a piece of Stilton cheese and he happened, for argument' sake, to have a quarter of a pound or so of Stilton cheese in his pocket why he'd just simply put his hand in his pocket, don't you know, and well he'd just give her the cheese, don't you see, to take a bite off. However first & foremost, before testing her triangle to prove whether she was as the newspapers reported a *virgo intacta*, he asked her whether she had ever indulged in clandestine fornication.

– No, nein, never she swore. By the axecleft of my notch! By the hairs of my dearest parents! By the inviolable dew of Ben Bulben! By the freshwater pullan herring! No mortal has ever beheld the hundred wonders of my underland.

Her mournful embracer pointed to the starry host. By them he bade her swear, them that were and are and shall be, the silently] strewing, the strikingly shining, the twittingly twinkling, and (as her truly remarked), the lamplights of lovers.

Up they gazed, skyward, while in her ear that lovelier lover breathed:

> Gaunt in gloom
> The pale stars their torches
> Enshrouded wave
> Ghostfires from heaven's far verges faint illume
> Arches on soaring arches,
> Nights' sindark nave

Seraphim
The pale stars awaken
To service till
In muted gloom each lapses, muted, dim
Raised when she has & shaken
Her thurible

As long and loud
To night's nave upsoaring
A starknell tolls
As the bleak incense surges, cloud on cloud,
Voidward from the adoring
Waste of souls

– Go away from me instantly she cried.
– Perfect, he said.
  He took leave of her and went.
– No, come back, she cried.
– It's important, he said, as he stopped & circulated at walker's pace
in the opposite direction.

* * * * *

The handsome sixfoottwo rugger and soccer champion and the belle of Chapelizod in her oceanblue brocade bunnyhugged scrumptiously in the dark behind the chief steward's cabin while with sinister dexterity he alternately rightandlefthandled fore and aft the palpable rugby and association bulbs. She murmurously asked for some but not too much of the best poetry reflecting on the situation her reason being that by the light of the moon of the silvery moon she loved to spoon before her honeymoomoon. He promptly then elocutioned to her in decasyllabic iambic hexameter: Roll on, thou deep and darkblue ocean, roll!

It was a just sensation he being exactly the right man in the right place and the weather conditions could not possibly have been improved. Her role was to roll on the darkblue ocean roll that rolled on round the round roll Robert Roly rolled round. She gazed while his deepsea peepers gazed O gazed O dazedcrazedgazed into her darkblue rolling ocean eyes.

He then having dephlegmatised his frog in the throat uttered as follows from his lofty voicebox:

– Isolde!

By elevation of eyelids that She addressed insinuated desideration of his declaration.

– Isolde, O Isolde, when theeupon I oculise my most inmost Ego most vaguely senses the profundity of multimathematical immaterialities whereby in the pancosmic urge the Allimmanence of That Which Is Itself exteriorates on this here our plane of disunited solid liquid and gaseous bodies in pearlwhite passionpanting intuitions of reunited Selfhood in the higherdimensional Selflessness.

Hear, O hear, all ye caller herrings! Silent be, O Moyle! Milky way, strew dim light!

She reunited milkymouthily his her and their disunited lips and quick as greased lightning the Breton champion drove the advance messenger of love with one virile tonguethrust past the double line of ivoryclad forwards fullback rightjingbangshot into the goal of her gullet.

Now what do you candidly suppose she, a strapping young Irish princess scaling nine stone twelve in her pelt, cared at that precise physiological moment about tiresome old King Mark, that tiresome old pantaloon in his tiresome old twentytwoandsixpenny shepherd's plaid trousers? Not as much as a pinch of henshit and that's the meanest thing that was ever known. No, on the contrary, if the truth must be told lovingly she lovegulped his pulpous propeller and both together in the most fashionable weather they both went all of a shiveryshaky quiveryquaky mixumgatherum yumyumyum. After which before the traditional ten seconds were up Tristan considerately allowed his farfamed chokegrip to relax and precautiously withdrew the instrument of rational speech from the procathedral of amorous seductiveness.

– I'm so glad to have met you, Tris, she said, awfully bucked by the experience of the love embrace from a notoriety like him who was evidently a notoriety also in the poetry for he never saw an orange but he thought of a porringer and to cut a long story short taking him by and large he meant everything to her just then, being her beau ideal of a true girl friend, handsome musical composer a thoroughbred Pomeranian lapdog, a box of crystallised ginger and may even the Deity Itself

* * * * *

Over them the winged ones screamed shrill glee: seahawk, seagull, curlew and plover, kestrel and capercailzie. All the birds of the sea they trolled out rightbold when they smacked of the big kiss of Tristan with Isolde.

Sosang seaswans:

– Three quarks for Muster Mark
Sure he hasn't got much of a bark
And sure any he has it's all beside the mark
But O Wreneagle Almighty wouldn't we be a sky of a lark
To see that old buzzard whooping about for his shirt in the dark
And he hunting round for his speckled trousers around by
Palmerston Park.

Hohohoho moulty Mark
You're the rummest old rooster ever flopped out of a Noah's ark
And you think you're cock of the wark
Fowls up Tristy's the spry young spark
That'll tread her and wed her and bed her and red her
Without even winking the tail of a feather
And that's how that chap's going to make his money and mark[10]

---

[10] Zitiert nach der Erstveröffentlichung in *A First-Draft Version of Finnegans Wake*, a.a.O., S. 208-212 (aus mehreren Fragmenten synthetisierte Fassung); deutsche Fassung in James Joyce, *Mamalujo. Drei Fassungen eines Kapitels aus „Finnegans Wake"*, hg. u. üb. v. Friedhelm Rathjen (Südwesthörn: Edition ReJoyce 2014), S. 9-21, verkürzt um alle nachträglichen Textänderungen, außerdem in der Abfolge der Abschnitte durch Umstellung geändert, um die Reihung an den heutigen Forschungsstand, wie er in den Editionen von Danis Rose und Daniel Ferrer zum Ausdruck kommt, anzugleichen. Die Fassung in *A First-Draft Version of Finnegans Wake* hat zudem eine Lücke, die erst vor wenigen Jahren durch einen Ankauf der National Library of Ireland geschlossen werden konnte; vgl. <http://catalogue.nli.ie/Record/vtls000252560>, S. 1 f. Eine Version des fehlenden Textes wird von Danis Rose (der sie auf den Juli 1923 datiert) in *Finn's Hotel* innerhalb des von ihm „Skywards to Stardom" betitelten Abschnitts abgedruckt, im Internet zugänglich unter <http://jjda.ie/main/JJDA/f/flex/z/lexfh.htm>, Abschnitt VII (vgl. die deutsche Fassung in Joyce, *Finn's Hotel*, a.a.O., Abschnitt „Himmelwärts zum Sternchenruhm", S. 70-72); eine andere Version findet sich in James Joyce, *Brouillons d'un baiser. Premiers pas vers „Finnegans Wake"*, hg. v. Daniel Ferrer (Paris: Gallimard 2014), S. 68-74 innerhalb des Abschnitts „Tristan & Isolde" (von Ferrer datiert auf März 1923). Durch Abgleich der Text-

Übersetzt:

[Er, der Gentleman, war traumerklößsicht. Zuerst war er haftpflichtig für hämische Rhoiden herrührend vom Rumsitzen auf Steinmauern und über alles solches hinweg hatte er auf den medizinischen Rat von Dr Codd hin tägliche Schlückchen mit Extrakten von Weidenrinde gekippt um die hibernische Grippe fernzuhalten. Mit fiebriger Blässe machte er die heiligen Geister seiner Grundstudiumsliebschaften aus, Henriette rittlings auf dem Heuhaufen, Nenette de l'Eglise hinter der Schankstube, Marie Louise reinstes Zuckerzecken, beduselte Suzanne catch as catch can, und, Laster not least, die rauhbeinige Haushälterin des örtlichen Gemeindepfarrers. Gruselterhaft früherliebäugelte er sie.
– Lächelnder Johnny, ersuchte sie, machst du dir aus mir wenigstens ein bißchen was?
 Teilweis selbstwürgend entgegnete er:
– Lady, ich bin's nicht würdig. Wenn du bloß wüßtest. Warum wurden wir an zwei verschiedenen Orten geboren? Zu welchem Bezweck sind wir uns begegnet gestern sozusagen? Warum diese Würgerei, dieses Verlangen nach einem *bonum arduum* im Unterschiede zu einem *bonum simpliciter*? Wehwegweh, ach, nach dem Tode in, mit, zugunsten und wegen meiner Wohlgeliebten verlangt es mich stumm.
– O, verdose dies Geschnulz. Mein Liebemann muß solchermaßen nicht faseln, antwortete Isolde ungeduldig nach ihrem geduldigen Warten das verdammte alte Festessen aus verkokelten Lendenkoteletts und murksnoblen Kartoffeln hindurch wo jedermann von Lendenkoteletts und Kartoffeln und dem Schweinarsch und Kohl vom Vortage geredet und dem unterschaligen gekochten Rindviehfleisch vom wiederumigen Vortage patagonischen Eisenkrautkohlrüben und gleichfalls murksnoblen Kartoffeln ohne das kleinste Bissen Appetit. Liebe wollte sie, die beste verfügbare, wahre neue blinde bodenlose Liebe auf den ersten Blick zu welchem Bezweck

---

fassungen von Rose und Ferrer habe ich von der entsprechenden Textstrecke unter Weglassung aller nachträglichen Textänderungen eine Urversion rekonstruiert und (markiert durch eckige Klammern) am Anfang in den Text eingefügt. – Der hier in frühen Fassungen dokumentierte Text geht stark verändert ein in das endgültige Kapitel „Mamalujo" in Joyce, *Finnegans Wake*, a.a.O., S. 383-399.

sie ihn wiederum küßte und er, der er ein Gentleman war, konter-
küßte weil es seine einzige Maxime im Leben war daß wenn eine
Dame, nur so zum Beispiel, einen Bissen von einem Happen
Stilton-Käse wollte und er, nur somal angenommen, zufällig ein
Viertel von einem Pfund oder so Stilton-Käse in der Tasche hatte,
na daß er dann schlichtweg seine Hand in die Tasche steckte, wißt
ihr, und na daß er ihr dann schlichtweg den Käse reichte, seht ihr,
daß sie einen Bissen davon abnahm. Freilich, zuerst und zuvörderst,
bevor er ihr Dreieck prüfte um zu testifizieren ob sie wie die Zeitun-
gen berichteten eine *virgo intacta* war, fragte er ob sie jemals
klammheimlicher Unzucht gefrönt habe.
– No, nein, niemals in Gotts Welt, unschuldig wie der ungetriebene
Schnee, schwor sie. Beim Axspalt meiner Kerbe! Beim Haar meiner
allerliebsten Eltern! Beim unverbrüchlichen Tau des Ben Bulben!
Beim süßwäßrigen Pullan-Hering! Kein Sterblicher hat jemals er-
schaut die hundert Wunder von meinem Unterland.

Ihr kummervoller Umarmer deutete auf die Sternesschar. Auf
diese ließ er sie schwören, diese welche waren und sind und sein
werden, die schweigend] Säenden, die schlagkräftig Scheinenden,
die fatzkehaft Funkelnden, und (wie sie wahrhaft anmerkte), die
Laternenlichter von Liebenden.

Hinauf gafften sie, himmelwärts, während in ihr Ohr dieser liebe-
lose Liebhaber hauchte:

> Trüb im Düster
> Die fahlen Sterne ihre Fackeln
> Verhangen schwenken
> Geisterfeuer von fernsten Himmelsrändern beleuchten schwach,
> Bögen über ragenden Bögen,
> Das sünddunkle Schiff der Nacht
>
> Seraphim
> Die fahlen Sterne erwachen
> Zum Dienste, bis
> In ersticktem Düster ein jeder vergeht, erstickt, verblaßt,
> Erhoben alldieweil & schwenkend
> Sein Weihrauchfaß
>
> Während lang und laut
> Zum sich Gewölbe des Nachtschiffs empor

Ein Totengeläut der Sterne erschallt
Während der öde Weihrauch wallt, Wolke um Wolke,
Nichtswärts hinauf von der anbetenden
Wüstenei der Seelen

– Mach dich augenblicklich von mir davon, schrie sie.
– Ausgezeichnet, sagte er.
  Er verabschiedete sich von ihr und ging.
– Nein, komm zurück, schrie sie. V
– Es ist wichtig, sagte er als er einhielt & im Spaziertempo in entgegengesetzter Richtung zirkulierte.

* * * * *

Der ansehnlich sechsfußzweizollige Rücker- und Soccermeister und das Schönchen von Lucalizod in ihrem ozeanblauen Brokat häselherzten fabelhaft im Dunkeln hinter dem Hüttchen des Hauptstewards während er mit linker Rechtbehendlichkeit abwechselnd vorn und achtern die greifbarlichen Rugby-und-Assoziations-Knöllchen rechtsundlinkshändelte. Sie bat murmelnd um einige wiewohl nicht garzuviele der besten situationspassierlichen Gedichte wofür ihr Grund war daß im Lichte des Mondes des silbrigen Mondes sie zu lenzen gelüstete bevor sie honigmundmündigte. Sodann vortrug er ihr sogleich in zehnsilbigem jambischem Hexameter: Roll zu, du tief und dunkelblauer Ozean, roll!
Es war ein prächtiges Geprange dieweil er genau der rechte Mann am rechte Platze war und die Wetterbedingungen hätten besser nicht sein können. Ihre Rolle war's weiterzurolln auf dem dunkblaun Ozeanrolln das weiterrollte rund um das Rundgeroll welchs Robert Roly rundweg rollte. Sie starrte alldieweil seine Tiefseespäher starrten O starrten O starrharrstarrten immer hinein in ihre dunkblau rollnden Ozeanaugen.
Stieß er dann nachdem er seinen Frosch im Schlund dephlegmatisiert hatte wie folgt aus seinem luftighohen Kehlkopp aus:
– Isolde!
Vermöge Anhebung von Auglidern tatt Sie angedeutete Ersehnerung seiner Erklärigung anverlangen.
– Isolde! O Isolde! Wenn ich dirauf okuliere sinniert mein innermeistes Ego vage die Profundität multimathematischer Immaterialitäten wohindurch im pankosmischen Trieb die Allimmanenz Dessen Was

Selbst ist sich auf dies hier unsier Ebene exteriorisiert von unvereinigten festen flüssigen und gasförmigen Körpern in perlweißen leidenschnaufenden Eingebungen wiedervereinigter Selbstheit in höherdimensionaler Selbstlosigkeit.

Hör, O hör, all ihr Rufer hering! Stille sei, O Moyle! Milchestraß, trüb Licht streu!

Sie wiedervereinigte milchmündiglich seine ihre dann ihrerbeider unvereinigten Lippen und so flink wie geschmierter Blitz trieb züngeschmeckzend der bretonische Champion den Vormarschbotschafter der Liebe durch die Doppelreihe von elfenbeingepanzerten Stürmern gradklingbumsschoß in das Tor ihrer Gurgel.

Nun was tust du wohl offenraus vermuten daß sie, eine strapsende junge irische Prinzessin neun Stone zwölf auf die Waage bringend in ihrem Fell, sich in jenem genauen physiologischen Augenblicke aus dem langweiligen alten König Marke machte, jenem langweiligen alten Hanswurst in seinen langweiligen alten karierten Zweiundzwanzigundsechspennyschäfershosen? Nicht mal soviel wie 'ne Prise Hühnerscheiße und das ist die gemeinste je bekannte Sache. Nein, im Gegenteil, wenn die Wahrheit herauserzählt werden muß sie liebverschlang seinen tschweckigen Propeller und beide zugetter im leisenschärfsten Wetter machten sie sich beide gänzlich an ein schauderschüttliges zitterzuckliges Mischelsurium mjammjammjam. Woraufhin bevor noch die traditionellen zehn Sekunden verstrichen Tristan seinem weitbreitbekannten Würgegriff erlaubte sich zu lockern und übervorsorglichtig das Werkzeug rationaler Rede von der Prokathedrale amouröser Verführlichkeit zurückzog.
– Ich bin so froh dir begegnet zu sein, Tris, sagte sie, fürchterlich verbockt durch das Erlebnis der Liebesumarmung durch einen Allberühmten wie ihn der er augenscheinlich auch in der Dichtkunst eine Allberühmtheit war denn nie sah er eine Orangenlimo ohndaß er auch an einen Suppennapf dachte und um die lange Geschichte kurz zu machen ihn im Großen und Ganzen genommen bedeutete er ihr justament in dem Moment ein und alles, so als ihr Musterexemplar eines Wahrenmädelfreunds, gutaussehender Musikkomponist ein reinrassiger pommerscher Schoßhund, eine Schachtel kristallisierter Ingwer und möge gar die Gottheit Höchstselbst

* * * * *

Über ihnen kreischten die Geflügelten schrille Freud: Seegreif, Seemöwe, Brachvogel und Regenpfeifher, Turmfalke und Auerhuhn.
Alle Vögel des Meeres sie trollerten es geradekecks heraus als sie
vom großen Kuß von Tristan mit Isolde schmeckzten.
Sosang Seeschwänts:

    – Drei Quarks für Muster Mark
      Natürlich ist er im Kläffen nicht stark
      Und wasimmer er hat ist hier natürlich nicht gefragt
      Doch O Zaunkönig Hochfliegtger, wären wir nicht als
                      Gelerche zu Himmel gejagt
      Den alten Bussard zu sehn wie er eines Hemds wegen im
                      Dunkeln klagt
      Und rumjagt nach seiner gescheckter Hos rum um den
                      Palmerstownpark
      Hohohoho Mausermark
      Du bist der drollste alte Gockel der je aus Noahs Arch gestakt
      Und du meinst du seist Hahn im Hag.
      Hühner auf Tristy ist der flinke junge Funken
      Der sie erregen und belegen und verfegen und bewegen mag
      Ohne einmal mit dem Schwanz einer Feder zu prunken
      Und das ist's wie der Kerl sich Namen machen wird und Mark

Das zeitweilig einen Teil dieser Skizze bildende (und etwas als Fremdkör-
per wirkende) Gedicht mit den Eingangsworten „Gaunt in gloom" / „Trüb
im Düster" streicht Joyce bei späteren Fassungen wieder aus dem Text und
nimmt es schließlich 1927 unter dem Titel „Nightpiece" in seinen Gedicht-
band *Pomes Penyeach* auf, wo es mit der Entstehungsangabe „Triest 1915"
versehen wird[11]; dies deutet darauf hin, daß Joyce sein neues Schreibprojekt
keineswegs als völligen Neubeginn, sondern als Fortsetzung früherer
Ansätze begreift, aber auch, daß er sich anfangs sehr unsicher ist, was Stil,
Tonlage und die allgemeine Richtung seines Projekts betrifft. Insbesondere
innerhalb der Entwürfe zu „Tristan und Isolde" springen Stilhöhe, Perspektive und Fokus des Textes extrem, es ist fast so, als würden unterschiedliche
Ansätze scharf gegeneinander montiert.

---

[11]   Vgl. James Joyce, „Nachtstück", in ders., *Liebesgedichte*, üb. v. Hans Wollschläger, ausgewählt u. mit einem Nachwort versehen v. Friedhelm Rathjen
(Frankfurt a.M. / Leipzig: Insel 2008), S. 55.

Wenn Joyce sich nicht sicher ist, wohin das neue Schreibprojekt ihn führt (oder er dieses Schreibprojekt), so kommt dies auch in der nächsten Fassung der „Tristan-und-Isolde"-Skizze zum Ausdruck. Sie entsteht vermutlich Mitte April 1923; Joyce kann zu diesem Zeitpunkt infolge einer schweren Bindehautentzündung kaum sehen und diktiert seiner Frau Nora einen Text, der die vorherige Fassung praktisch vollständig verwirft und das Liebespaar Tristan und Isolde nun aus der Perspektive vierer kurzsichtiger alter Männer in den Blick nimmt, die als „Die vier Wellen Erins" eingeführt werden. Diese Fassung bezieht sich auf den Seevogelgesang „Drei Quarks für Muster Mark" als Initialzündung, den wir in der Vorfasssung als Endgedicht vorgefunden haben; wann und auf welcher Stufe der Textentstehung dieser „Seeschwänts"-Gesang von Joyce wirklich eingeführt wurde, ist in der einschlägigen Forschung umstritten. Ohne diesen Gesang fehlt aber fraglos der Altherrenfassung der Anlaß zum Hinhören:

> The Four Waves of Erin also heard, leaning upon the staves of memory. Four eminently respectable old heladies they looked got up in sleek holiday toggery for the occasion, grey half tall toque, tailormade frockcoat to match fathomglasses and soforth, you know, for all the world, apart from the salt water, like the fourth viscount Powerscourt or North the auctioneer at the royal Dublin society's annual horseshow. They had seen their share: the capture of Sir Arthur Casement in the year 1132, Coronation of Brian by the Danes at Clonmacnois, the drowning of Pharaoh Phitzharris in the (proleptically) red sea, the drowning of poor Matt Keane of Dunlearery, the scattering of the flemish armada off the coasts of Galway and Longford, the landing of St Patrick at Tara in the year 1798, the dispersal of the French fleet under General Boche in the year 2002. And such was their memory that they had been appointed extern professors to the four chief seats of learning in Erin, the Universities of lillorcure, killthemall, killeachother, killkelly-on-the-Flure, whither they wirelessed four times weekly lectures in the four modes of history, past, present, absent and future.
>
> Saltsea widowers all four, they had been many ages before summarily divorced by their respective shehusbands (with whom they had parted on the best of terms) by a decree absolute issued by Mrs Justice Squelchman in the married male offenders court at Bohernabreena, one for inefficiency in backscratching, too for

having broken rerewind without having first made a request in writing on stamped foolscap paper, three for having attempted hunnish familiarities after a meal of decomposed crab, four on account of his general cast of countenance. Though that was ever so long ago they could still with an effort of memory and by counting accurately the four periwinkle buttons of the fly of their knicky-bockies recall the name of the four beautiful sisters Brinabride who were at the moment touring the United States of Africa.

Yet were they fettlesome anon, lured by the immortal rose of Wombman's beauty. Often would they cling tentacularly about the ships' waists of the Northwall and Hollyhead boats and the Isle of Man tourist steamers, peering with glaucomatose eyes through the cataractic portholes of honeymoon cabins or saloon ladies' toilet apartments. But when those jossers aforesaid, the Four Waves of Erin, heard the detonation of the osculation (cataclysmic cata-glotism) which with ostentation (osculum cum basio necnon suavi-oque) Tristan to Isolde gave then lifted they up round Ireland's shores the wail of old men's planxty.

Highchanted the elderly Waves of Erin in four-part Palestrian melody, four for all, all one in glee of grief of loneliness of age but with a bardic license there being about of birds and stars and noise quite a sufficient quantity. This plashed their wavechant:

> A birdless heaven, seadusk and one star,
> low in the west
> And thou, poor heart, loves image, faint and far,
> Rememberest
>
> Her seacold eyes and her soft foamwhite brown
> And fragrant hair,
> Falling as through the silence falleth now
> Dusk from the air.
>
> A why wilt thou,
> A why wilt thou remember these,
> A why,
> Poor heart, repine,
> If the dear love she yielded with a sigh
> Was never thine!

Isolde, her longfamous lashes butterflykissing his near and far-famous cheek, felt him sweeter than cherry or plum, than candykisses or Lipton's fruitcake, than the hawthorn valley in the 1st fortnight of May, than the finest band music going, than lovely thick with the sleep. She murmured googooeyes:
– My precious since last we parted it seems to me that I have been continually in your company, even when I close my eyes at night, I am continually seeing you hearing you, meeting you in different places, so that I am beginning to wonder whether my soul does not take leave of my body in sleep and go to seek you and what is more find you, or perchance this is only a phantasy. Tell me Daniel, my precious darling.

He, her whitehaired doughboy, Hero of tens of scrums, carrier of the ovum, Kisser of hundreds, blocker of thousands, ejaculater of jugfuls aloudly sniffled his nasal voice falling in strange ineffectual dropkick, so in the language of diplomacy:
– Mais bourquoi es-tu andrée dans my fie, Henriette? Je groyais mon âme déjè morte.[12]

Übersetzt:

Die Vier Wellen Irlands hörten ebenfalls, gelehnt auf die Stützpfeiler der Erinnerung. Nach vier hoch angesehenen alten Damenchen sahen sie aus aufgetakelt für den Anlaß in seidigglänzender Feiertagskluft, grauer halbhoher Haube, dazu passendem maßgeschneiderten Bratenrock Fadengläser und sofort, wißt ihr, um alles in der Welt, das Salzwasser einmal beiseite gelassen, dem vierten

---

[12] Zitiert nach der von Daniel Ferrer edierten Fassung in Joyce, *Brouillons d'un baiser*, a.a.O., S. 92-100 innerhalb des Abschnitts „The Four Old Men and the kiss of Tristan & Isolde" (von Ferrer datiert auf April 1923), punktuell modifiziert aufgrund des Vergleichs der Fassung, die Danis Rose (der sie auf Juli / August 1923 datiert) in *Finn's Hotel* innerhalb der von ihm „The Staves of Memory" und „Skywards to Stardom" betitelten Abschnitte abdruckt, im Internet zugänglich unter <http://jjda.ie/main/JJDA/f/flex/z/lexfh.htm>, Abschnitte VI und VII (vgl. die deutsche Fassung in Joyce, *Finn's Hotel*, a.a.O., Abschnitte „Die Stützpfeiler der Erinnerung" und „Himmelwärts zum Sternchenruhm", S. 63-96). Diese Textfassung ist erst vor wenigen Jahren durch den genannten Ankauf der National Library of Ireland bekannt geworden; vgl. das Faksimile unter <http://catalogue.nli.ie/Record/vtls000252560>, S. 4-8.

Viscount Powerscourt ähnelnd oder North dem Auktionator auf der jährlichen Pferdeschau der königlichen Dubliner Gesellschaft. Sie hatten ihren Teil zu sehen gekriegt: die Ergreifung von Sir Arthur Casement im Jahre 1132, Krönung Brians durch die Dänen in Clonmacnois, das Ertrinken von Pharaoh Phitzharris im (proleptisch) roten Meer, das Ertrinken des armen Matt Keane aus Dunlearery, die Zerstiebung der flämischen Armada vor den Küsten Galways und Longfords, die Landung von St. Patrick in Tara im Jahre 1798, die Zerstreuung der französischen Flotte unter General Boche im Jahre 2002. Und solchermaßen war ihre Erinnerung daß sie zu externen Professoren an die vier Hauptsitze der Gelehrsamkeit in Erin berufen wurden, die Universitäten von Killoderkur, Killsieall, Killeinander, Killkelly am Boden, wohinnen sie vier Mal wöchentlich Vorlesungen radioübertrugen über die vier Modi der Historie, Vergangenheit, Gegenwart, Abwesenheit und Zukunft.

Salzseewitwer alle vier, waren sie schon vor vielen Zeitaltern summarisch geschieden worden von ihren jeweiligen Ehemänninnen (mit welchen sie in bestem Einvernehmen auseinandergegangen waren) durch ein rechtskräftiges Scheidungsurteil, erlassen durch Mrs Richterin Quetschmann am Gerichtshof für verheiratete männliche Missetäter in Bohernabreena, erstens wegen Ineffizienz beim Einehanddieandrewaschen, zwutens wegen des Fahrenlassens von Hinterwinden ohne vorherige schriftliche Antragstellung auf gestempeltem Kanzleipapier, drittens wegen des Versuchs hunnischer Aufdringlichkeiten nach einer Mahlzeit verfaulter Krebse, viertens aufgrund einer allgemeinen Neigung der Haltung. Wiewohl das gar so lange her war konnten sie doch immer noch mit einer Willensanstrengung der Erinnerung und indem sie penibel die vier immergrünen Perlmutterknöpfe am Hosenlatz ihrer Knickyböckchen zählten den Namen der vier schönen Schwestern Brandungsbräut heraufbeschwören welche eben in diesem Momente durch die Vereinigten Staaten von Afrika tourneeten.

Freilich waren sie wiederum geschäftiglich und verlockt von der unsterblichen Rose weibleiblicher Schönheit. Oftmals pflegten sie tentakelartiglich mittschiffs um die Northwall- und Hollyheadboote und die Touristendampfer zur Insel Man herumzuhängen, dabei mit glaukomatösen Augen durch die kataraktischen Bullaugen von Flitterwöchnerinnenkabinen oder die Toilettengemächer von Salondamen hindurchspähend. Als jedoch diese vorbesagten Knilche, die

Vier Wellen Erins, die Detonation der Oscußlation vernahmen (katastrophischer Kataglottismus) welche mit Ostentation (osculum cum basio necnon suavioque) Tristan der Isolde verpaßte da erhoben sie um Irlands Gestade ringsumher das Wehklagen des Geplanxty alter Männer.

Hochlobsangen die ältlichen Wellen Erins in vierteiliger palästrinischer Melodie, vier für allesamt, allesamt eins im Gleesang des Schmerzes der Einsamkeit des Alters jedoch mit bardischen Freiheiten waren da doch an Vögeln und Sternen und Lärm gar recht hinreichende Mengen im Schwange. Dieses platschte ihr Wellensang:

> Ein vogelloser Himmel, Seedämmer und einz'ger Stern,
> tief westerlich
> Und du, armes Herz, der Liebe Abbild, fein und fern,
> Entsinnest dich
>
> Ihrer seekalten Augen und ihrer weichen schaumweißen Stirn
> Und des Haars mit ihren Düften,
> Fallend wie durch die Stille fallet fern
> Die Dämmerung aus den Lüften.
>
> A warum wollest du
> A warum wollest du dich dieser entsinnen,
> A warum,
> Armes Herz, denn quesen,
> Wenn die teure Liebe, von ihr gewährt unter Seufzern stumm,
> Doch nie die deine gewesen!

Isolde, deren langberühmte Wimpern seine weit und breitberühmte Wange schmetterlingküsselte, spürte ihn süßer als Kirsch oder Pflaume, als Kandisküßchen oder Liptons Früchtekuchen, als das Weißdorntälchen in den 1sten zwei Maiwochen, als die famoseste Kapellmusik im Gange, als Liebesschlummer trunken tranig. Sie murmelte schönschönaugen:
– Mein Teurer seit wir zuletzt voneinander geschieden scheint mir war ich unablässig in deiner Gesellschaft, selbst wenn bei Nacht ich meine Augen schloß, unablässig sehe ich dich höre ich dich, treffe ich dich an verschiedenen Stellen, so daß ich mich zu fragen anfange ob meine Seele wohl nicht im Schlaf meinen Körper verläßt und auszieht dich zu suchen und was mehr ist gar zu finden, oder

womöglich ist dieses nur eine Phantasterei. Sag's mir Daniel, mein teurer Liebling.

Er, ihr weißhaariger Landser, Held von zig Zusammenstößen, Träger des Ovums, Küsser von Hunderten, Blockierer von Tausenden, Ejakuleerer von Kannenfüllen schnüffelte lautlich seine nasale Stimme in einen befremdlichen untauglichen Dropkick verfallend, folgendermaßen in der Sprache der Diplomatie:
– Mais bourquoi es-tu andrée dans mein fie, Henriette? Je groyais mon âme déjà morte.

Ausgehend von seinen eigenen körperlichen Handicaps entwirft Joyce, der sich um diese Zeit auch noch seine restlichen Zähne ziehen lassen muß, in dieser Textfassung erstmals jene vier mit altersbedingten Einschränkungen kämpfenden alten Männer, denen er später – nach den vier Aposteln – den summarischen Namen Mamalujo geben wird. In dieser zumindest in ihren Anfängen vermutlich aus dem April 1923 stammenden Fassung finden sich die beiden Themenkreise „Tristan und Isolde" und „Mamalujo" also schon vereint; diese Vereinigung löst Joyce anschließend wieder, fortgeführt werden beide Themen als getrennte Texte. Der Schwanengesang von den „Quarks", der in den kombinierten Textentwürfen vom April 1923 erstmals auftaucht, wird von Joyce zunächst der Episode „Tristan und Isolde" einverleibt, die in der Folge in weiteren Fassungen weiterentwickelt wird; ein ebenfalls in der kombinierten Fassung zu findendes Gedicht von einem „vogellosen Himmel" wird ganz ausgesondert und erscheint später unter dem Titel „Tutto è sciolto" mit dem Entstehungsvermerk „Triest 1914" in Pomes Penyeach[13].

In der Folge skizziert Joyce weitere Fassungen des Themenkreises „Tristan und Isolde"; manche dieser Textfragmente stellen offenbar nur Versuche dar, die sogleich wieder aufgegeben werden, so ein kurzer Text über Isolde in ihrer Jugend, der nie ins Gefüge des späteren *Finnegans Wake* eingegangen ist:

For her prudence she always left the key of her press in the lock of her press, the pen of the ink bottle in the neck of the ink bottle, the

---

[13] Vgl. James Joyce, „Tutto è sciolto", in ders., *Liebesgedichte*, a.a.O., S. 51; die Fassung von 1923 in Joyce, *Finn's Hotel*, a.a.O., S. 65: „Ein vogelloser Himmel, Seedämmer und einz'ger Stern [...]".

bread on the warm table. Never were they lost. No ignorant simp was she. & she was never found out in a lie. For her learning in geog she knew that Italy was a jackboot, India a pink ham & France a patched quilt, and she could make the map of New Zealand, N & S island herself. For her learning in zoog she knew lamb, lamb a young sheep. For her charm she knew how to stagemanage her legs in nude stockings under a straight as possible skirt in the several positions of goody twoshoes, aunty Nance, stepladder, green peas, stella cometa, love me little, funny toast, lovers lever, love me long. For her health only her in the house got the measles & when she was a bottlefed baby all her friends admired her tresses.

For her domestic economy she cleaned the chimney by setting fire to an *Irish Times* and hooshing it blazing up the flue and she washed the hall by standing her wet umbrella & injarupper goloshes dreeping open in a corner. God she had a bit of go in her, God she had!

For her piety every day God sent on the earth her one little prayer, her five seconds' patternoster night bede and orison, so romped:

> – Howfar wartnevin alibithename kingcome illbedone nerth tisnevin. Usisday daybread givesdressp sweegivethem dresspss gainstus leesnot 2 potatoes liversm evil Men.

For her pity there were times she even pitied the damned old devil himself playing demon patience after his lunch of hot air fanning himself with his asbestos slippers in the coolingroom in hell.

And flahoolagh, bless her pretty face, she had shaken cocktails, no lie, for pistoleers, gunmen parabellumites munitioners from every barony in Ireland. She could do two things at same time, cook hash & read Harry Coverdale's Courtship.

For her charity one day when it was sneezing cold she met a beggargirl in the park and, having no small change about her, she went behind a bramblebush & slipped off her sprigged petticoat and gave it to the beggargirl who instantly disappeared (she having been in point of fact Saint Dympna who got up the exhibition of poverty on purpose) along with the petticoat. On another occasion there was a pestilence caused by a certain dragon who said it would go on for ever unless she took off all her glad rags and walked over Ireland, her left hand to the sea. So she did this, but she had herself painted green all over her body as far as mother nature allowed. And when they heard the moaning of the Shees like the harbour bar telling she was off, the weakness of death fell on everybody & everybody pulled down all the blinds in Ireland. The dragon there and then got a grip on the big clean ideals & converted and entered a nunnery.[14]

Übersetzt:

Um ihrer Besonnenheit beließ sie stets den Schlüssel ihres Kleiderschranks im Schloß ihres Kleiderschranks, den Federkiel des Tintenfäßchens im Hals des Tintenfäßchens, das Brot auf dem warmen Tische. Niemals gingen sie verloren. Kein dummer Dussel war sie. & niemals wurde bei ihr eine Lüge herausgefunden. Um ihrer Gelehrsamkeit in Erde wußte sie daß Italien ein Knobelbecher war, Indien ein pinker Hammelschinken & Frankreich ein Flickenteppich, und sie kriegte die Landkarte Neuseelands hin, N & S-insel ganz allein. Um ihrer Gelehrsamkeit in Bio wußte sie Lamm, Lamm ein junges Schaf. Um ihres Liebreizes wußte sie ihre Beine in Nacktstrümpfen unter einem möglichst geraden Rock zu inszenieren in diversen Stellungen à la Gutmensch Aschputtchen, Tante Nance, Stiefleiter, grüne Erbsen, Stellacometa, Liebmichbißchen, Lustigtoastig, Loverlievchen, Liebmichlang. Um ihrer Gesundheit bekam sie allein im ganzen Haus die Masern & als sie noch ein Flaschenkind war bewunderten alle ihre Freundinnen ihr Zöpfe.

Um ihrer Hauswirtschaft reinigte sie den Schornstein indem sie eine *Irish Times* in Brand steckte und diese blakend den Kaminschacht hinaufschuuhuuchte und wischte sie den Flur indem sie ihren nassen Regenschirm & ihre Kautschatschuckgaloschen triefend offen in die Ecke stellte. Gott sie hatte ein gutes Stück Gehtnichtgibt'snicht am Leibe, Gott das hatte sie.

---

[14] Zitiert nach der von Daniel Ferrer edierten Fassung in Joyce, *Brouillons d'un baiser*, a.a.O., S. 62-66: Abschnitt „Portrait of Isolde" (von Ferrer datiert auf April 1923). Eine stark abweichende Fassung bringt Danis Rose in *Finn's Hotel* unter dem Titel „Issy and the Dragon", im Internet zugänglich unter <http://jjda.ie/main/JJDA/f/flex/z/lexfh.htm>, Abschnitt IV (vgl. die deutsche Fassung in Joyce, *Finn's Hotel*, a.a.O., Abschnitt „Issy und der Drache", S. 47-51). Auch diese Textfassung, die von Ferrer auf den März 1923, von Rose auf den Juli 1923 datiert wird, ist erst vor wenigen Jahren durch den genannten Ankauf der National Library of Ireland bekannt geworden; vgl. das Faksimile unter <http://catalogue.nli.ie/Record/vtls000252560>, S. 3 f.

Um ihrer Frömmigkeit schickte Gott jeden Tag ihr einziges kleines Gebet zur Erden hinab, ihre fünfsekündliche patternostrige Nachtandacht und –fürbitte, welche wie folgt getollt:

– Unsweiter Fartnevin veralibiwerdername reichkomm übelleschehe innevin ferden. Tlichtbrot giheuticht gibschürz auwir pelzgeben unschürzigen führensnich in2 Verzuckerüben lösigvom Bösen Männ.

Um ihres Mitleids gab es da Zeiten da sie sogar den verdammten alten Teufel persönlich bemitleidete der Dämonenpatience spielte nach seinem Mahl aus heißer Luft und sich mit seinen Asbestschlappen befächelte im Kühlraum in der Hölle.

Und flahoolagh, gesegnet sei ihr hübsches Gesicht, Cocktails hatte sie geschüttelt, ungelogen, für Pistolerers Knallenträger Parabellumiten und Munitionierer aus jeglicher Baronie in Irland. Sie konnte zwei Dinge zur gleichen Zeit tun, Hackfleisch kochen & Harry Coverdales Brautwerbung lesen.

Um ihrer Barmherzigkeit traf sie eines Tages als es niesekalt war ein Bettlermädchen im Park und trat, da sie kein Kleingeld bei sich hatte, hinter einen Brombeerstrauch & streifte sich ihren beblümten Unterrock ab und gab ihn dem Bettlermädchen das sogleich verschwand (es hatte sich in Wirklichkeit um die Heilige Dympna gehandelt die die Zurschaustellung von Armut mit Absicht vorgenommen) und der Unterrock mit ihr. Bei anderer Gelegenheit war da eine Seuche verursacht durch einen gewissen Drachen welcher sagte sie würde ewig währen es sei denn sie zöge all ihre flotten Klamotten aus und spazierte rings über Irland her, ihre linke Hand gen Meer gewandt. Also tat sie dieses, aber sie ließ sich am ganzen Körper grün anmalen soweit Mutter Natur dies erlaubte. Und sobald sie das Stöhnen der Feen vernahmen welche wie die Hafenbar davon kündeten daß sie unterwegs, befiel jedermannen die Schwäche des Todes & jedermannen zogen alle Blendjalousien in Irland herunter. An Ort und Stelle bekam der Drache etwas von den großen reinen Idealen in den Griff und konvertierte & trat in ein Nonnenkloster ein.

Dieser Entwurf wird wie erwähnt nicht ins spätere *Finnegans Wake* eingehen, sondern ausgeschieden; die allermeisten Elemente aus der ersten Fassung hingegen werden in späteren Versionen beibehalten, so etwa die

Überblendung von Liebeshandlungen mit Szenen aus einem Rugbyspiel – am 14. April 1923 hatte sich Joyce in Paris eine Partie des Five Nations Cup angeschaut[15]. Als Seiten- oder Parallelstück zum Text über Isolde in ihrer Jugend schreibt Joyce auch noch einen Text über die Jugendzeit Kevins, der ebenfalls nie in *Finnegans Wake* eingehen wird:

> As an infant Kevineen delighted himself by playing with the sponge on tubbing night. As a growing boy he grew more & more pious and abstracted like the time God knows he sat down on the plate of mutton broth. He simply had no time for girls and often used to say that his dearest mother & his dear sisters were good enough for him. At the age of six he wrote a prize essay on kindness to fishes.[16]

Übersetzt:

> Als Kind ergötzte sich Kevineen daran wannennachts mit dem Schwamm zu spielen. Als heranwachsender Jung erwuchs er immer fromm & frommer und gedankenversunkener wie zu jener Zeit weiß Gott als er sich auf dem Teller mit Hammelbrühe niederließ. Er hatte schlichtweg keine Zeit für Mädels und oftmals pflegte er zu zu sagen wie daß seine liebste Mutter & seine lieben Schwestern für ihn gut genug wären. Im Alter von sechs schrieb er einen Schulpreisaufsatz über Freundschaft mit Fischigen.

Bis in den Sommer 1923 hinein arbeitet Joyce an seinen diversen Textskizzen; außer den bisher genannten entsteht dabei weiterhin ein Text über Berkeley und den heiligen Patrick:

---

[15] Vgl. dazu und auch zum weiteren Robbert-Jan Henkes, „2 weeks in the life of James Joyce as gleaned from his 1923 Notebook VI.B.2 Nativities", in *Genetic Joyce Studies* 14 (Frühjahr 2014), <www.geneticjoycestudies.org/GJS14/GJS14_Henkes_2weeks.htm>.

[16] Zitiert nach *A First-Draft Version of Finnegans Wake*, a.a.O., S. 276, unter weitgehender Weglassung nachträglicher Textänderungen. Vgl. auch die erweiterte spätere Version in Joyce, *Finn's Hotel*, a.a.O., S. 39-41: „Freundschaft mit Fischigen"; Originalfassung im Internet zugänglich unter <http://jjda.ie/main/JJDA/f/flex/z/lexfh.htm>, Abschnitt II: „Kindness to Fishes". Bei dieser von Danis Rose in *Finn's Hotel* abgedruckten Fassung der Textskizze handelt es sich um eine spätere Version (von Rose auf den Juli 1923 datiert), die wiederum erst durch den Ankauf der National Library of Ireland zugänglich wurde; vgl. das Faksimile unter <http://catalogue.nli.ie/Record/vtls000252560>, S. 10.

The archdruid then explained the illusion of the colourful world, its furniture, animal, vegetable and mineral, appearing to fallen men under but one reflected of the several iridal gradations of solar light, that one which it had been unable to absorb while for the seer beholding reality, the thing as in itself it is, all objects showed themselves in their true colours, resplendent with setuple glory of the light actually contained within them. To eyes so unseled King Leary's fiery locks appeared of the colour of sorrel green, His Majesty's saffron kilt of the hue of brewed spinach, the royal golden breasttorc of the tint of curly cabbage, the verdant mantle of the monarch as of the green of laurel boughs, the commanding azure eyes of a thyme and parsley aspect, the enamelled gem of the ruler's ring as a rich lentil, the violet contusions of the prince's features tinged uniformly as with an infusion of sennacassia.[17]

Übersetzt:

Der Erzdruide erklärte sodann die Illusion der befarbenswerten Welt, deren Mobiliar, animalisches, vegetabilisches und mineralisches, gefallenen Menschen in bloß einem einzigen Widerscheine von den etlichen iridalen Abstufungen des Sonnenlichts erscheine, jenem nämlich welchen jener Teil davon zu absorbieren sich unfähig erwiesen habe wohingegen für den die Wirklichkeit, das Ding wie's an sich ist, erschauenden Seher alle Gegenstände sich in ihren wahren Farben zeigten, erglänzend von der sechsfachen Glorie des tatsächlich in ihnen enthaltenen Lichts. Einem dieserweis entsiegelten Sehvermögen erschienen König Learys feurige Locken im Farbtone eines sauerampfigen Grüns wohingegen der safrangelbe Kilt Seiner Majestät im Ton gekochten Spinats, der königliche güldene Brusttorques im Farbstich krausen Kohls, der moosige Mantel des Monarchen wie im Grün von Lorbeerzweigen, das gebieterische azurne Augenpaar im Thymian-an-Petersil-Aspekt,

---

[17] Zitiert nach *A First-Draft Version of Finnegans Wake*, a.a.O., S. 279, unter Weglassung aller nachträglichen Textänderungen. Vgl. die erweiterte spätere Version in Joyce, *Finn's Hotel*, a.a.O., S. 35-38: „Der irische Chinchinjoss"; Originalfassung im Internet zugänglich unter <http://jjda.ie/main/JJDA/f/flex/z/lexfh.htm>, Abschnitt I: „The Irish Chinchinjoss". Rose datiert die von ihm verwendete späte Fassung auf Juli 1923, die frühe Fassung auf März 1923. Die stark veränderte endgültige Fassung findet sich in Joyce, *Finnegans Wake*, a.a.O., S. 611 f.

das emaillierte Geschmeide von des Herrschers Ring als reiche Linse, die purpurnen Prellungen in den Gesichtszügen des Prinzen wie von einem Aufguß Sennacassia uniform eingefärbt.

Damit hat Joyce einen bunten Strauß unterschiedlicher Textskizzen beisammen. Am 19. Juli schickt er Miss Weaver die aktuelle Fassung von „King Roderick O'Conor" und bittet sie, ihm diese abzutippen[18]; am Folgetag schickt er ihr auch „Tristan und Isolde"[19] und die Skizzen über den heiligen Kevin sowie über Berkeley und den heiligen Patrick[20]; am 2. August folgt eine erneut überarbeitete Patrick-Fassung[21]. Der aus den Isolde-Skizzen wieder ausgesonderte Komplex der vier alten Männer wird in dieser Zeit aber offenbar nicht weiterbearbeitet.[22]

Joyce und seine Familie halten sich inzwischen in England auf: zunächst in der zweiten Junihälfte in London, anschließend bis Anfang August in dem Seebad Bognor in Südengland; ein Geldgeschenk von Miss Weaver in Höhe von 12.000 Pfund Anfang Juli dürfte den Erholungswert noch erhöht haben. In Bognor ist Joyce vornehmlich mit der Herstellung jener überarbeiteten Skizzenfassungen beschäftigt, die er Miss Weaver von dort aus schickt; wichtiger aber ist, daß Joyce hier zufällig auf eine wichtige Initialzündung für *Finnegans Wake* stößt, nämlich den Namen der englischen

---

[18]   Vgl. Joyce, *Briefe II*, a.a.O., S. 949 (an Harriet Shaw Weaver, 19.7.23).

[19]   Eine Fassung etwa aus dieser Zeit druckt Danis Rose unter dem Titel „The Big Kiss" in seiner Edition *Finn's Hotel*, wobei er allerdings den (die Fassungen aus dieser Zeit stets beschließenden) „Quarks"-Schwanengesang aus nicht recht nachvollziehbaren Gründen wegläßt. Vgl. die Originalfassung im Internet unter <http://jjda.ie/main/JJDA/f/flex/z/lexfh.htm>, Abschnitt V; die deutsche Fassung in Joyce, *Finn's Hotel*, a.a.O., S. 53-59: „Der große Kuß".

[20]   Vgl. Joyce, *Briefe II*, a.a.O., S. 950 (an Harriet Shaw Weaver, 20.7.23).

[21]   Vgl. ebd. (an Harriet Shaw Weaver, 2.8.23).

[22]   Vgl. zu den *Wake*-Anfängen auch mein Nachwort „Neuanfang mit alten Männern" in Joyce, *Mamalujo*, a.a.O., S. 135-145, hier S. 136-139; außerdem Daniel Ferrer, „Par où (re)commencer, ou de Tristan à *Finnegan*", in Joyce, *Brouillons d'un baiser*, a.a.O., S. 23-57, hier besonders S. 38, wo er eine abweichende Datierung vornimmt; Ferrers These zufolge ist die erste „Tristan-und-Isolde"-Skizze noch vor der ersten Kevin-Skizze entstanden, und auch die Entstehung der beiden Jugendskizzen über Isolde und Kevin datiert Ferrer bereits auf März 1923.

Familie Earwicker, deren Mitglieder auf dem Friedhof von Sidlesham in einem Gemarkungsbezirk mit der seltsamen Bezeichnung „Hundred of Manhood" begraben liegen – in einem Reiseführer, der diesen Friedhof verzeichnet, liest Joyce zudem etwas über Weidenkörbe zum Hummerfang. Daraus bastelt Joyce sich seinen zukünftigen Protagonisten zusammen, zunächst Humphrey Coxon geheißen, dann in Humphrey Chimpden Earwicker umgetauft, als solcher mit der Losung „Here Comes Everything" (schließlich modifiziert zu „Here Comes Everybody") veredelt. Joyce ist eigentlich zur Erholung in Bognor, er beichtet seiner Gönnerin aber am 23. August: „Natürlich habe ich mein Versprechen nicht eingehalten und angefangen, trotz der Hitze, des Lärms, der Verwirrung und Atembeklemmung andere Teile zu skizzieren."[23] Immerhin tragen diese Mühen Früchte. In dieser Phase scheint nämlich erstmals so etwas wie ein Plan zu einem übergreifenden Werk zu reifen, die Earwicker-Figur wird zum Oberhaupt einer Familie, in der die mythologisch-prototypischen Gestalten, denen die bisher entstandenen Skizzen gegolten haben, ihre festen Rollen übernehmen können. Der erste Entwurf zum Earwicker-Kapitel, das diese Anregungen und Impulse festhält und nach der vorherigen eher richtungslosen Probierphase den ersten Schritt zu einer kontinuierlichen Entwicklung von *Finnegans Wake* darstellt, liest sich folgendermaßen:

> Concerning the genesis of his agnomen the most authentic version has it that like Cincinnatus he was one day at his plough when royalty was announced on the highroad. Forgetful of all but his fealty he hastened out on to the road holding aloft a long perch atop of which a flowerpot was affixed. On his majesty, who was rather longsighted from early youth, inquiring whether he had been engaged in lobstertrapping Humphrey bluntly answered: 'No, my liege, I was only a cotchin of them bluggy earwigs'. The king upon this smiled heartily and, giving way to that none too genial humour which he had inherited from his great aunt Sophy, turned towards two of his retinue, the lord of Offaly and the mayor of Waterford (the syndic of Drogheda according to a later version) remarking 'How our brother of Burgundy would fume did he know that he have this trusty vassal a turnpiker who is also an earwicker'. True

---

[23] Joyce, *Briefe II*, a.a.O., S. 950 (an Harriet Shaw Weaver, 23.8.23).

facts this legend it is certain that from that date all documents initialled by Humphrey bear the sigla. H.C.E. and whether he was always Coxon for his cronies and good duke Humphrey for the ragged tiny folk of Lucalizod it was certainly a pleasant turn of the populace which gave him as sense of these initials the nickname 'Here Comes Everything'. Imposing enough indeed he looked and worthy of that title as he sat on gala nights in the royal booth with wardrobepanelled coat thrown back from a shirt wellnamed a swallowall far outstarching the laundered lordies and marbletopped highboys of the pit. A baser meaning has been read into these letters, the literal sense of which decency can but touch. It has been suggested that he suffered from a vile disease. To such a suggestion the only selfrespecting answer is to affirm that there are certain statements which ought not to be, and one would like to be able to add, ought not to be allowed to be made. Nor have his detractors mended their case by insinuating that he was at one time under the imputation of annoying soldiers in the park. To anyone who knew and loved H- C- E- this suggestion is preposterous. Slander, let it do its worst, has never been able to convict that good and great man of any greater misdemeanour than that of an incautious exposure and partial of in the presence of certain nursemaids whose testimony is, if not dubious, at any rate slightly divergent.[24]

Übersetzt:

Was die Abkunft von seinem Agnomen betrifft besagt die beste verbürgte Version daß er wie Cincinnatus an seinem Pfluge war als von Königlichem gekündet ward an der Hauptstraße. Ohn Gedanken an etwas anderes als seine Lehenstreue hastete er hervor auf die Straße eine lange Hühnerstange hochhaltend an der ein Blumentopf befestigt war. Seiner Majestät, die von früher Jugend an ziemlich weitsichtig war und zu wissen begehrte ob er mit Hummerfang beschäftigt gewesen sei entgegnete Humphrey ungeschliffen: ‚Nein, mehn Lehnsherr, ich war bloß am Schnappen diese dammertäten Ohrwriggler'. Der König lächelte darauf herzlich und wandte sich, jener nur mitmaßen feinschuftlichen Launigkeit freie Bahn lassend die er ererbt hatte von seiner Groß-Tante Sophie, an zwei aus

---

[24]   Zitiert nach *A First-Draft Version of Finnegans Wake*, a.a.O., S. 62 f., unter Weglassung aller nachträglichen Textänderungen.

seinem Gefolge, den Herrn über Offaly und den Bürgermeister von Waterford (den Syndikus von Drogheda, besagt eine spätere Fassung) mit der Bemerkung: ‚Wie würd unser roter Bruder aus Burgund kochen wüßt er daß er diesen getreuen Vasallen haben einen Schlagbäumer der auch ein Ohrwürmler ist‘. Die wahren Umstände dieser Legende es ist gewiß daß von jenem Datum an alle von Humphrey gezeichneten Dokumente die Siglen H. C. E. tragen und ob er stets Coxon für seine Kumpels war und der gute Herzog Humphrey für das zerlumpte Kleingeleute von Lucalizod jedenfalls war es sicherlich eine freundliche Wendung des Pöbelgevolks das ihm als Deutung dieser Initialen den Spitznamen ‚Hier Chauffiert Einjegliches‘ gab. Hinreichend eindrucksvoll machte er in der Tat her und jenes Titels würdig wie er sich setzte an Gala-Abenden in der königlichen Loge mit streiferziertem Mantel von einem als Schwalbenganz wohlbenanntem Hemd zurückgeworfen die schnellgereinigten Herrschaftlichkeiten und marmorsprenkligen Kommödchen des Parketts weit ausstärkend. Eine weniger erhabene Bedeutung ist in diese Buchstaben hineingelesen worden, deren Wortsinn die Schicklichkeit kaum berühren kann. Es ist angedeutet worden daß er an einem Schandenleiden litt. Die einzig achtunggebietende Antwort auf eine solche Andeutung ist die unzweiflige Bestätigung daß es gewisse Behauptungen gibt die besser nicht wären, und man möchte hoffen wollen man wäre in der Lage hinzusetzen zu können, aufzustellen besser nicht erlaubt wäre. Ebensowenig haben seine Verleumder ihre Sache durch die Unterstellung befördern können daß er zu einer Zeit der Bezichtigung ausgesetzt war Soldaten im Park zu belästigen. Einem jeden der H- C- E- kannte und liebte ist diese Andeutung grotesk. Übelnachrede, so schlimm sie's auch wollt fügen, war nie kapabel den guten und großen Mann irgendeines größeren Delikts zu überführen als der unvorstichtigen Entblößung und einer nur teilweisen zudem in Gegenwart gewisser Kindermädchen deren Zeugnis, wenn nicht fragwürdig, jedenfalls leicht divergent ist.[25]

---

[25]   Deutsche Fassung aus James Joyce, *Earwicker. Fünf Fassungen eines Kapitels aus „Finnegans Wake"*, hg. u. üb. v. Friedhelm Rathjen (Südwesthörn: Edition ReJoyce 2015), S. 11/13.

Eine überarbeitete Fassung dieses Textes[26] erhält Miss Weaver Ende August oder Anfang September 1923; sie schickt Joyce daraufhin eine Antwort, die ihn frohlocken läßt, „daß die Earwicker-Absurdität Ihren Zustand nicht noch verschlimmert hat."[27] Im selben Brief erwähnt Joyce aber auch noch einen weiteren Text, nämlich seine „Episode (oder Skizze) der vier Evangelisten"[28], und dabei handelt es sich um eine neue Fassung des „Mamalujo"-Themenkreises, den Joyce nun also doch wieder bearbeitet, allerdings separiert von „Tristan und Isolde".

In beide Texte – „Mamalujo" und „Earwicker" – arbeitet Joyce nach gewohnter Manier einige Details ein, die er in jüngerer Zeit zufällig aufgelesen und in seinen Notizkladden festgehalten hat[29]; zum ersten Mal seit der Arbeit am *Ulysses* beschafft und liest er aber nun auch Literatur gezielt zur Vorbereitung seines eigenen Schreibprojekts.[30] Bemerkenswert ist, daß es sich dabei nicht nur um inhaltlich relevante Literatur handelt (beispielsweise Schriften zur irischen Geschichte, Mythologie und Literatur sowie Bibelgeschichten und Verwandtes), sondern auch um Sach- und

---

[26]   Vgl. die Dokumentation der ersten Überarbeitungsschritte in *A First-Draft Version of Finnegans Wake*, a.a.O., S. 62 f.; deutsche Fassung dieser Überarbeitung in Joyce, *Earwicker*, a.a.O., S. 19-23. Danis Rose bringt in seiner Edition *Finn's Hotel* eine noch etwas weiter ausgearbeitete Fassung unter dem Titel „Here Comes Everybody"; vgl. die Originalfassung im Internet unter <http://jjda.ie/main/JJDA/f/flex/z/lexfh.htm>, Abschnitt IX; die deutsche Fassung in Joyce, *Finn's Hotel*, a.a.O., S. 81-87: „Hier Chauffiert Einjeder". Die endgültige Fassung dieser Passage findet sich in Joyce, *Finnegans Wake*, a.a.O., S. 30-34.

[27]   Joyce, *Briefe II*, a.a.O., S. 951 (an Harriet Shaw Weaver, 17.9.23).

[28]   Ebd.

[29]   Vgl. James Joyce, *The Finnegans Wake Notebooks at Buffalo. Notebook VI.B.25*, hg. v. Vincent Deane, Daniel Ferrer u. Geert Lernout (Turnhout: Brepols 2002), S. 28, 37-41, 44.

[30]   Vgl. hierzu im Detail Robbert-Jan Henkes, „2 more weeks in the life of James Joyce as gleaned from his 1923 Notebook VI.B.2 Nativities", in *Genetic Joyce Studies* 14 (Frühjahr 2014), <www.geneticjoycestudies.org/ GJS14/GJS14_Henkes_2moreweeks.htm>. Die entsprechenden Joyceschen Notizen befinden sich im Notizbuch VI.B.2; vgl. Michael Groden et alii (Hg.), *The James Joyce Archive*, Bd. 29: *Finnegans Wake: A Facsimile of Buffalo Notebooks VI.B.1-VI.B.4*, hg. v. David Hayman (New York: Garland 1978).

Fachliteratur, denen Joyce neue Ideen für seinen sprachlichen Zugriff abgewinnt. Zu nennen ist hier zum einen Otto Jespersens Studie *Language, its Nature, Development and Origin*[31], zum anderen beschäftigt sich Joyce aber auch mit Schriften zu den Begleiterscheinungen des Alters. Er liest und exzerpiert Passagen aus Ciceros klassischer Schrift *Cato Maior de Senectute* sowie aus zwei Fachpublikationen, einem Buch von Constanza Pascal über Dementia praecox[32] und einem Aufsatz von Adrien Pic über Alter und Senilität[33]. Aus diesen Lektüren wird ersichtlich, daß Joyce seine alten Männer nicht nur thematisch begreift, sondern seinen Text perspektivisch und sprachlich ganz auf altersbedingte Wahrnehmungsdeformationen und Ausdruckseinschränkungen körperlicher und geistiger Natur zuzuschneiden plant. Die vier Alten versuchen unwillkürlich, ihre Beeinträchtigungen zu kompensieren: ihre Taubheit durch lautes Sprechen oder Schreien, ihre Blindheit durch wilde Ausschmückungen des Geschehens, ihre Schlafstörungen dadurch, daß sie beständig wegnicken, ihre geistigen Aussetzer dadurch, daß sie sprachliche Substitutionen vornehmen, Silben ausfallen lassen oder Präpositionen und Konjunktionen sinnwidrig benutzen. Insbesondere die in den medizinischen Schriften beschriebenen Sprachdefekte setzt Joyce in seinem „Mamalujo"-Text unmittelbar um (dies scheint ein wichtiger Impuls für die allen Gesetzen zuwiderlaufende sprachliche Gestalt des späteren *Finnegans Wake* gewesen zu sein); außerdem entnimmt Joyce seinen Quellen Andeutungen zur geschlechtlichen Unsicherheit alter Men-

---

[31]   Vgl. Otto Jespersen, *Language, its Nature, Development and Origin* (London: Allen and Unwin 1922); dazu auch Erika Rosiers u. Wim Van Mierlo, „Neutral Auxiliaries & Universal Idioms: Otto Jespersen in *Work in Progress*", in Dirk Van Hulle (Hg.), *James Joyce: The Study of Languages* (Brüssel: Lang 2002), S. 55-70. In diesen Kontext fällt ein weiteres Buch, das Joyce in dieser Zeit entweder selbst liest oder dessen Inhalt er sich aus sekundärer Quelle aneignet: C. K. Ogden u. I. A. Richards, *The Meaning of Meaning. A Study of The influence of Language upon Thought and of The Science of Symbolism* (London: Kegan Paul, Trench, Trubner & Co. / New York: Harcourt, Brace & Company 1923).

[32]   Vgl. Dr Constanza Pascal, *La démence précoce: étude psychologique, médicale et médico-légale* (Paris: Alcan 1911).

[33]   Vgl. Adrien Pic, „Vieillesse et sénilité", in *Lyon Médical* 43.31 (30. Juli 1911), S. 210-225.

schen, was dazu führt, daß in seinem Text die vier alten Männer wiederholt weibliche Züge annehmen oder als alte Weiber gezeichnet werden.

Zu den anderen Schriften, denen Joyce im Herbst 1923 Details entnimmt, die in seine in Arbeit befindlichen eigenen Texte eingehen, zählen beispielsweise[34]:

Henri Boissonnot: *La Cathédrale de Tours. Histoire et description.* Tours: Tridon 1909.

William J. Fitz-Patrick: *The Life of the Very Rev. Thomas N. Burke.* London: Kegan Paul, Trench & Co 1885.

Benedict Fitzpatrick: *Ireland and the Making of Britain.* New York / London: Funk & Wagnalls [3]1921.

G. W. Foote: *Bible Romances.* London: Pioneer Press [4]1922.

G. W. Foote: *The Mother of God.* London: Pioneer Press 1931.

G. W. Foote & J.M. Wheeler (Hg. u. Üb.): *The Jewish Life of Christ, Being the Sepher Toldoth Jeshu,* ישי תזדלות רפס, *or Book of the Generation of Jesus.* London: Progressive Publishing Company 1885.

The Graphic. An Illustrated Weekly Magazine. 25. August 1923.

Alfred Perceval Graves: *Irish literary and musical studies.* London: Elkin Mathews 1913.

Colonel Robert G. Ingersoll: *Some Mistakes of Moses.* Washington, D.C.: Farrell 1879.

J. T. Lloyd: *God-Eating, A Study in Christianity and Cannibalism.* London: Pioneer Press 1921.

Margaret Maitland: *Life and Legends of St. Martin of Tours (316-397).* London: Catholic Truth Society 1908.

William Bullen Morris: *The Life of Saint Patrick, apostle of Ireland. With a preliminary account of the sources of the saint's history.* London: Burns & Oates [6]1908.

Charles Selby: *The Boots at the Swan. An Original Farce in One Act.* New York / London: Samuel French 1881.

---

[34] Vgl. Henkes, „2 weeks in the life of James Joyce as gleaned from his 1923 Notebook VI.B.2 Nativities", a.a.O.; ders., „2 more weeks in the life of James Joyce as gleaned from his 1923 Notebook VI.B.2 Nativities", a.a.O.

E. Œ. Somerville & Martin Ross: *All on the Irish Shore. Irish Sket-ches*. London: Longmans, Green, and Co. 1903.
Giambattista Vico: *La Scienza Nuova*. 1725.

Nachdem Miss Weaver Mitte September die „Earwicker"-Episode erhalten und gewürdigt hat, konzentriert Joyce sich zunächst auf die „Mamalujo"-Skizze. Im Verlauf des September 1923 erarbeitet Joyce eine erste eigenständige, d.h. nicht mit dem Tristan-und-Isolde-Komplex verbundene Fassung von „Mamalujo".[35] Am 9. Oktober schickt er Miss Weaver diese Fassung als „Rohentwurf"[36], für deren Lektüre und „freundliche Würdigung"[37] Joyce sich am 23. Oktober bei ihr bedankt. Am 2. November folgt eine „Reinschrift von Mamalujo"; Joyce schreibt dazu, er habe „den getippten Text noch einmal überarbeitet und mich jetzt endgültig davon getrennt."[38] Diese „Trennung" kann neben den von Joyce aufgeführten äußeren Gründen auch eine gewissermaßen werkimmanente Ursache haben. Zwar hat „Mamalujo" Joyce auf etliche neue Ideen gebracht, was die Sprachhandhabung anbetrifft, und diese Ideen wird er in dem, was er von nun an schreibt, fortführen; aber nachdem er mit der Gestalt des Earwicker und dem ihm gewidmeten Kapitel, das mehr oder weniger parallel zu „Mamalujo" entstanden ist, erstmals so etwas wie einen integrativen Rahmen für sein Schreibprojekt gefunden und konzipiert hat, ist alles vorherige mehr oder weniger überholt (auch wenn die meisten dieser frühen Skizzen in stark modifizierter Form später doch noch in *Finnegans Wake* eingearbeitet werden). Mit der weiteren Ausarbeitung des im August erstmals skizzierten „Earwicker"-Kapitels beginnt (wahrscheinlich im November) im engeren Sinne die Arbeit an dem, was später *Finnegans Wake* sein wird; alle früheren Ansätze werden bis auf weiteres ad acta gelegt. (Danis Rose ist darum der Meinung, die bis zu diesem Punkt entstandenen Skizzen seien vereint durch ein gemeinsames, ab Ende 1923 allerdings zugunsten von *Finnegans Wake* aufgegebenes Konzept; für ihn konstituieren

---

[35] Vgl. den Abdruck dieser frühesten eigenständigen Fassung von „Mamalujo" in *A First-Draft Version of Finnegans Wake*, a.a.O., S. 213-219; in deutscher Übersetzung findet sie sich in Joyce, *Mamalujo*, a.a.O., S. 23-35.

[36] Joyce, *Briefe II*, a.a.O., S. 952 (an Harriet Shaw Weaver, 9.10.23).

[37] Ebd., S. 955 (an Harriet Shaw Weaver, 23.10.23).

[38] Ebd., S. 957 (an Harriet Shaw Weaver, 2.11.23).

die Skizzen deshalb in ihrer Gesamtheit ein eigenständiges Werk, *Finn's Hotel*. Unter Joyce-Forschern überwiegt allerdings die gegenteilige Meinung, wonach die frühen Skizzen keinem gemeinsamen Konzept unterliegen, sondern tastende Versuche sind, die als frühe Vorfassungen späterer *Finnegans-Wake*-Passagen gelten müssen. Selbst wenn Rose recht hätte, wäre im übrigen schwer nachvollziehbar, warum er auch Frühfassungen der „Earwicker"- und der erst danach entstandenen „Brief"-Episode in *Finn's Hotel* aufnimmt.)

Im Oktober 1923, also im Stadium der Komplettierung sowohl der Earwicker- als auch der „Mamalujo"-Episode, trifft Joyce sich in Paris mit Ford Madox Ford, der dabei ist, eine eigene Zeitschrift unter dem Namen *Transatlantic Review* zu begründen, und Joyce mehrfach bedrängt, ihm etwas von seinen neuen Arbeiten zur Verfügung zu stellen. Joyce lehnt das wiederholt ab, was Ford allerdings nicht hindert, immer wieder zu fragen, und am 8. Februar 1924 schließlich meldet Joyce an Miss Weaver: „Ich habe mich bereit erklärt, ihm [Ford] für die nächste Ausgabe die Mamalujo-Episode zu geben, das einzige Seitenstück, das ich herauslösen konnte."[39] Die Formulierung vom „Seitenstück" bestätigt, daß „Mamalujo" von der weiteren Entwicklung des aktuellen Schreibprojekts etwas an den Rand gedrängt worden ist und Joyce die Episode abspalten oder gar aussondern möchte. Bevor er den Text zur Seite legt, muß er ihn aber in druckfertigen Zustand bringen, was bei Joyce stets heißt, daß er den Text überarbeitet und dabei nach Kräften anreichert. Am 24. März 1924 schließlich läßt er Miss Weaver wissen: „Ich habe sehr viel damit zu tun gehabt, die Fahnenabzüge der vier alten Männer, *Mamalujo*, wieder und wieder zu überarbeiten. Es erscheint diese Woche."[40] In der April-Nummer von Fords *Transatlantic Review* erscheint „Mamalujo" erstmals im Druck.[41]

Aber die Beförderung von „Mamalujo" in den Druck ist zu diesem Zeitpunkt nur noch sozusagen die Abwicklung eines ausgesonderten Textstücks; das Interesse von Joyce gilt primär anderen Dingen. Zu allererst führt er im

---

[39] Ebd., S. 968 (an Harriet Shaw Weaver, 8.2.24).

[40] Ebd., S. 973 (an Harriet Shaw Weaver, 24.3.24).

[41] Vgl. James Joyce, „From Work in Progress by James Joyce", in *Transatlantic Review* 1.4 (April 1924), S. 215-223; deutsche Fassung in Joyce, *Mamalujo*, a.a.O., S. 37-61.

November 1923 den im August skizzierten und überarbeiteten Entwurf des Earwicker-Kapitels fort, indem er folgende Passage über eine Begegnung im Park und eine dabei beobachtete Verfehlung schreibt (die Passage basiert offensichtlich auf einer wahren oder erfundenen, sicherlich zumindest aufgebauschten Anekdote, die ihm sein Vater erzählt hat und die er später als thematischen Ursprung von *Finnegans Wake* benennen wird):

Guiltless he was clearly for so once at least he clearely declared himself to be. They tell the story that one fine spring morning some years after the alleged misdemeanour whisst crossing the fair expanse of the park he met a cad with a pipe. The latter accosted him to ask if he could say what it was o'clock that the clock struck. Earwicker halting drew his enamelled hunter and told the cad it was twelve to the minute adding however that the accusation against him had been made as was well known by a creature in human form who was several degrees lower than a snake. In support of his words the honest goliath   tapped his chronometer and   pointed to over-grown milestone as he said solemly: I am prepared to stand on the monument any day at this hour and to declare before the deity and my fellows that there is not tittle of truth in that purest of fabrications. The cad thanked him and repeated the words that same evening at his fireside where he was smoking reflectively after having eaten some peas and vinegar a dish he much fancied. The next evening but one the cad's wife spoke of the matter after sadality meeting to the Reverned director, a fresh complexioned clergyman and it was he in all haman probability was overheard to repeat the words to a layteacher of natural science during a priestly flutter on the race course of baldoyle on the day when the portma-nock plate was won by a full length by Captain Blounts fresh colt drummer coxon at even money. Now it was the habit Treaclc Tom had been absent from his usual haunts for some time previously (he was in the habit of frequenting common lodging-houses where he slept in a nude state in strange beds) but returning on Baldoyle night he repeated the tale more than once during uneasy slumber and in the hearing of a ballad monger and drapery executive out of work for the moment and an illstarred streetsinger who had been tossing on his doss in the hope of soon finding ways & means for blowing the napper off himself. when day dawned when that busker was up and afoot thrumming his square fiddle and after a visit to a public house the world was the richer for a new halfpenny ballad. This on a slip of blue paper headed by a woodcut soon fluttered to the rose of the winds from lane to lattice and from mouth to ear, throughout the land of Ireland, and round the land his rann it ran and this is the rann that Hosty made:[42]

Übersetzt:

Schuldlos war er wirklich denn einmal zumindest bekannte er sich echt als ein solcher. Sie erzählen die Geschichte daß er eines schönen frühjährigen Morgens einige Jahre nach dem vorgeblichen Delikte wirrend er die hübsche Weite des Parks kreuzte einen Kerl mit Pfeifenrohr traf. Der Letztgenannte haute ihn an mit der Frage ob er ihm wohl sagen könnt wieviel Uhr es war wie die Glock geschlagen. Earwicker zog im Innehalten seine emaillierte Jäger und beschied den Kerl es sei zwölfe auf die Minute hinzufügend allerdings daß die Anschuldigung gegen ihn sei gemacht worden wie wohlbekannt war von einem Wesen in menschlicher Gestalt die viele Grade tiefer als eine Schlange stand. Zur Unterstützung seiner Worte pochte der ehrliche flachsene Goliath sein Chronometer und wies auf einen überwachsenen Meilenstein während er feierlich sagte: Ich bin bereit zu stehen auf dem Denkmal an jedwedem Tag zu dieser Stunde und zu erklären vor Gottheit und meinen Gefährten daß da nicht Flünckchen Wahrheit in diesem allerreinsten aller Lügengemächte ist. Der Kerl dankte ihm und wiederholte jene Worte des selbigen Abends an seiner Feuerstatt wo er nachdenklich rauchte in sinnierendem Gedanken nachdem er einige gekochte Erbsen gegessen und Essig ein Gericht wie's ihm sehr gefiel. Am übernächsten Abend sprach des Kerls Frau nach der Sadalitätsversammlung über das Thema mit dem Hochwürden Direktor, einem Geistlichen mit frischem Teint und er war's aller manschlichen Wahrscheinlichkeit nach der mitgehört wurde wie er die Worte wiederholte gegenüber einem Laienschulmeister der Naturwissenschaften während eines priesterlichen Getippes auf der Rennbahn von baldoyle an einem Tage als der Portmanock-Pokal nach geschicktem Ausriß um zwei Längen vor Cromwell Mutbube errungen wurde von Captain Blounts frischem Fohlen Trommler Corxon zu

---

[42]   Zitiert nach *A First-Draft Version of Finnegans Wake*, a.a.O., S. 64-66, unter Weglassung aller nachträglichen Textänderungen.

verspieltem Einsatz. Nun war es seine Angewohnheit Trickle Tom war vorher einige Zeit abwesend gewesen von seinen üblichen Domizilen (er hatte die Angewohnheit öffentliche Herbergen zu frequentieren wo er in befremden Betten schlief) aber als er in der Baldoyle-Nacht heimkehrte wiederholte er die Erzählung mehr als einmal während unruhigen Schlummerns und in Hörweite eines Balladenhändlers und Tuchhändlersangestellten momentan arbeitslos und eines vom Unglück verfolgten Straßensängers der sich in seiner Schlafstatt herumgeworfen hatte in der Hoffnung bald Wege & Mittel zu finden zum sich Wegblasen des Gnoppel. wenn der Tag andämmerte als jener Straßensänger auf und am Laufen war beklimpernd seine vierschrötige Fidel und nach einem Besuch in einem Schenkenhaus da die Welt um so wohlbestellter war für eine neue Halbpennyballade. Diese flatterte auf einem Bogen blauen Papiers überspannt von einem Holzschnitt rasch nach der Rose der Winde von Fahrgasse zu Gitterfenster und von Mund zu Ohr, überall durchs Land Irland, und ringsrum im Land das Rennen rann und dies ist der Rann den Hosty gemacht:[43]

Diese erste Fassung eines zweiten Earwicker-Abschnitts wird sogleich von Joyce überarbeitet (was bei ihm vor allem heißt: durch Einschübe erweitert) und dann ergänzt um einen Spottgesang, der nach der vermutlich wiederum kurzfristig erfolgten Überarbeitung folgenden provisorischen und noch unvollständigen Wortlaut hat:

Have you heard of one Humptydumpty
How he fell with a roll and a rumble
And lay low like old Oliver Crumple
By the back of the magazine wall
    of the the magazine wall

I'm afraid my dairyman darling
Like the
    All your butter
I'll go bail like the bull of the Cow
    All your butter is
        in your horn

---

[43]   Deutsche Fassung aus Joyce, *Earwicker*, a.a.O., S. 13/15.

He was one time our King of the castle
Now he's kicked about like any old parsnip
And from Green street by order of His Worship
    He'll be sent to the jail of Mountjoy
      To the jail of Mountjoy.
        Jail him and joy

He had schemes in his head for to bother us
Stage coaches & parks for the populace
Mare's milk for the sick, seven Sundays a week,
    Openair love & religious reform
      & prisons reform
        hideous in form

Arrah why, says you, couldn't he manage it.
I'll go bail, my big dairyman darling
Like the bumping bull of the Cassidy's
    All your butter is in your
      His butter is in his horns
        Butter his horns

Sure leave it to Hosty, frosty fiddler, leave it to Hosty he's the man
to run the rann, the wran of all ranns.

He was strolling around by the monument
Poor old humpedy hippopotamus
When they opened the backdoor of the omnibus
    And they caught his death of fusiliers
      His death of fusiliers
        And he'll lose his ears

Tis a sore pity, so it is, for his three little children
But look out for his missus legitimate
When she gets a grip of old Earwicker
    Won't there be earwigs on the green?
      Big earwigs on the green

Then we'll have a grand band & mass meeting
For to sod the bold son scandinavian
And we'll bury him down,

in Oxmanstown

Where he'll[44]

Übersetzt:

Hast gehört von 'nem Humptydumpty
Wie er fiel mit 'ner Roll' und 'nem Rumpel
Und lag da nieder wie der alte Oliver Krumpel
An der Rückseit von der Magazinwand,
Von der Magazinwand,
Helm, Buckel und Band?

Ich fürcht-Milchmann, mein Liebster,
Wie der
All deine Butter
Ich stell' Kaution wie der Bull' von der Kuh
All deine Butter steckt
in deinem Horn

Er war einmal ~~der~~ unser König im Schlosse
Nun stößt man ihn 'rum wie irgend 'ne Altbirn'
Von der Greenstraß' auf Order Seiner Hochwür'n
Schickt man ihn in die Haft von Mountjoy
In die Haft von Mountjoy
Setzt ihn, ahoi.

Er hatte Pläne im Kopf uns zu stören
Bummelkutschen & Parks für die Gören,
Stutenmilch den Schwachen, sieben Sonntag' alle Wochen,
Freiluftliebe & Glaubensreform,
& Gefängnisreform
In scheußlicher Form.

Ach, warum ~~denn~~, sagst du, konnt' er's nicht packen.
Ich stell' Kaution, großer Milchmann, mein Liebster,
Wie der Rumpsbumsbulle der Cassidy's
Hast die Butter du in deinen
Seine Butter steckt in den Hörnern.
Buttert die Hörner!

---

[44] Zitiert nach *A First-Draft Version of Finnegans Wake*, a.a.O., S. 66-68, unter
Berücksichtigung aller nachträglichen Textänderungen.

Überlaß es einfach dem Hosty, Frostihosty, überlaß es dem Hosty
das ist der Mann,
zu rannen den Rann, den Zaunkann aller Ranns.

Er war am Schlendern rund um das Monument
Der arme alte humpetige Hippopotamus
Als er öffnete die Rücktür von dem Omnibus
    Und er fand seinen Tod der Füsiliere
      Seinen Tod der Füsiliere
        Und wird einbüßen seine Öhre

Böser Jammer ist's, das ist's, für seine drei klein' Kindlein
Doch schauet aus nach seinem eh'lichen Weibe!
Wenn sie in die Klau g'rät vom alten Earwicker
    Gibt's dann nicht Ohrgewürm auf dem Grün?
      Große Ohrwürm auf dem Grün

Dann haben wir großartig Kapell- & Massenaufmarsch
Um den wackren Sohn Skandinavischen zu besoden
Und wir betten ihn ins Grab
      in Ochsmannstadt
Wo er dann

Damit ist eine erste Fassung jenes Kapitels komplettiert, das nun seine Funktion als erstes von mehreren geplanten „Earwicker"-Kapiteln im sich daraus entwickelnden Gesamtgefüge des neuen Buches bekommt.

Ab November 1923 ist nämlich nicht nur die erste Komplettfassung des ersten „Earwicker"-Kapitels entstanden, sondern zugleich ein grober Plan für große Teile des späteren *Finnegans Wake*, vor allem aber ein schon recht detaillierter Plan für dessen Buch I; die Kapitel I.3 und I.4 ergeben sich fast organisch als Weiterungen und variierende Wiederholungen der Thematik im „Earwicker"-Initialkapitel, was vor allem heißt, daß sich das Sünden- und Strafregister des Protagonisten verlängert.[45] Zum Jahresende 1924 steht dieser Plan, und als der inhärenten Logik entsprechenden nächsten Schritt plant Joyce als Kapitel 1.5 eine Verteidigungsschrift von

---

[45]   Vgl. hierzu Bill Cadbury, „'The March of a Maker': Chapters I.2-4", in Luca Crispi u. Sam Slote (Hg.), *How Joyce Wrote Finnegans Wake. A Chapter-by-Chapter Genetic Guide* (Madison: University of Wisconsin Press 2007), S. 66-97.

Earwickers Frau Anna Earwicker (wie sie zu diesem Zeitpunkt wohl heißen soll), die er in zwei sukzessiven Fassungen eines Bittbriefs skizziert.[46] Die erste Fassung lautet:

Revered

Majesty well, I've heard all those birds what theyre saying about him and welcome. The Honourable Mr Earwicker, my devout husband, and he is a true gentleman which is what none of the sneakers ever was or will be because in the words of a royal poet such are born and not made and that he was and it was between Williamstown and Ailesbury road on the long car I first saw the lovelight in his eye. Well, revered majesty, I hereafter swear he never once sent out the swags with a drop in any but the milk as it came from the cow and all that is by McGrath Bros against that dear man, my honorary husband. If I were only to tell your revered all he said to me was it this time last year & I told Mrs Tom for his accommodation, McGrath Bros, I'm saying and his bacon not fit to look at never mind butter which is forbidden by the eight commandment you shalt not bare false witness against thy neighbour. Aha, McGrath, the lies are out on him like freckles, when I think what he had the face to say about my dearly respected husband, can I ever forget that. Never, so may God forgive McGrath Bros all his trespasses against the Hon Mr Earwicker. If I was only to tell someone I know & they would make a corpse of him with the greatest of pleasure & not leave enough for the peelers to pick up.

There never was any girl in my house expecting trouble out of my husband, never, and those two hussies neither was virtuous after the doctor's declaration and whereas the Honourable Mr Earwicker has a very hairy chest which I am the privileged to see and whereas he is pursuant to that very affectionate for ladies' society I will not have a reptile the like of McGrath Bros to be spreading his lies all around where we live as I simply agree to it, the obnoxious liar, he was fired out of Clune's for giving guff.

I've heard it stated about the military but, did space permit, it is my belief I could show it was to cure the King's evil and I herein-

---

[46]   Beide Versionen wurden erstmals gedruckt in Fred H. Higginson, „Two Letters from Dame Anna Earwicker", in *Critique. Studies in Modern Fiction* 1.2 (Sommer 1957), S. 3-14.

after swear by your revered majesty that he said to my presence:
As there is a God of all things my mind is a complete blank. Well,
revered Majesty, I tender my heartest thanks & regrets for lettering you and shall close hoping you are in the best of health. I
don't that for an experience of mine with a clerical friend. Ask
him what about his wife and Mr John Brophy, the kissing soli-
citor. I only wish he wd look in through the letterbox some day.
What ho, she bumps! He wd be surprised to see her & Mr Brophy
quite affectionate together kissing & looking into a mirror.

So much for the lies that I was treated not very grand by thicks.
If any of Sully's thick goes to pull a gun on me he'ill know better
manners. I will have his head broken by a Norwegian who has
been expelled from christianity. I am perfectly proud of Mr
Earwicker. I tell sneakers and Mr Gainsayer McGrath, back &
streaky, ninepence.

(Signed)

P.S. This will put the tin hat on McGrath[47]

Übersetzt:

Verehrte

Majestät nun denn, ich habe diese ganzen Vögel angehört
was sie sagen ihn betreffend und willkommen. Der Ehrenwerte Mr
Earwicker, mein frommer Gemahl, und er ist ein wahrer Gentleman
was etwas ist was keiner von den Schlungeln je war oder sein wird
weil in den Worten eines königlichen Dichters solche werden geboren und nicht gemacht und das ward er und zwischen Williamstown
und der Ailesbury-Straße war's auf dem langen Wagen wo ich das

---

[47] Zitiert nach dem Abdruck der früheren Fassung unter dem Titel „The
Revered Letter" in *A First-Draft Version of Finnegans Wake*, a.a.O., S. 81-
83, unter Weglassung aller nachträglichen Textänderungen. Die spätere
Fassung, in der Anna Earwicker den Mittelnamen „Plurabelle" bekommt,
druckt Danis Rose (der sie auf den Dezember 1923 datiert) in seiner Edition
Finn's Hotel unter dem Titel „Here's Lettering You"; vgl. die Originalfassung im Internet unter <http://jjda.ie/main/JJDA/f/flex/z/lexfh.htm>, Abschnitt X; die deutsche Fassung in Joyce, *Finn's Hotel*, a.a.O., S. 89-97: „Ich
poste euch zu". Die stark modifizierte endgültige Fassung von Teilen dieser
Passage findet sich in Joyce, *Finnegans Wake*, a.a.O., S. 615-619.

erste Mal das Liebeslicht in seinem Aug gesehen hab. Nun, verehrte Majestät, hienach schwöre ich niemals einmal schickte er die Plünnen mit 'nem Tropfen in irgendwas außer der Milch aus wie sie von der Kuh gekommen und alles das ist erfunden von McGrath Bros gegen jenen lieben Mann, meinen ehrenwerten Gatten. Wenn ich euer Verehrten nur alles erzählen sollt was er mir gesagt war's letztes Jahr um diese Zeit & ich erzählte Mrs Tom gefälligkeitshalber, McGrath Bros, sag ich und sein Speck keines Blickes würdig von Butter ganz zu schweigen was verboten ist durch das acht Gebot du sollst nicht falsches Zeugnis ablegen gegen deinen Nächsten. Aha, McGrath, die Lügen sind aus ihm raus wie Sommersprossen, wenn ich bedenke was über meinen herzlich geachteten Gemahl er die Stirn zu sagen hatte, kann ich's je vergessen. Niemals, möge also Gott McGrath Bros vergeben all seine Übergriffe gegen den Ehrenw Mr Earwicker. Könnt ich's nur jemandem erzählen den ich kenne & würden die mit dem größten aller Vergnügen einen Leichnam aus ihm machen & nicht soviel übrig lassen daß die Schäler sich was auflesen könnten.

Nie hat es in meinem Hause irgendein Mädel gegeben das in Erwartung von Belästigungen durch meinen Gatten war, niemals, und diese beiden Flittchen keine von denen war tugendhaft nach des Doktors Aussage und wohingegen der Ehrenwerte Mr Earwicker einen sehr haarigen Brustkorb hat welchen zu besehen ich die Privilegierte bin und wohingegen er in Übereinstimmung ist mit jenem sehr zugetan der Gesellschaft von Damen mag ich's nicht haben daß ein Reptil von der Art des McGrath Bros seine Lügen überall rumverbreitet wo wir wohnen wie ich dem schlichtweg zustimme, dieser widerwärtige Lügner, er wurde aus'm Clune's rausgefeuert wegen Furzabgebens.

Ich hab's erwähnen gehört vonwegen des Militärs aber, würd's mir der Raum erlauben, so bin ich des Glaubens ich könnt darlegen daß es zur Linderung des Königsübels gemeint war und ich schwöre nachstehend bei eurer verehrten Majestät daß er in meinem Beisein sagte: Wie's da einen Gott von allem gibt hat mein Verstand keinen blassen Schimmer.

Nun, verehrte Majestät, ich entbiete meinen herzendsten Dank & Bedauern euch zuzuposten und werde schließen hoffend ihr seiet bei bester Gesundheit. Ich interessiere mich nicht soviel für ein Erlebnis seitens mir mit einem klerikalen Freunde. Fragt ihn mal vonwegen seiner Ehefrau und Mr John Brophy, dem küssenden Advokaten. Ich wünschte nur er würd irgendeines Tages durch den Briefkasten reinschauen. Was ho, sie plumpst! Überrascht würd er sein sie & Mr Brophy recht herzlich miteinander zu sehen, küssend & in einen Spiegel schauend.

Soweit zu den Lügen ich sei nicht sehr großprächtig behandelt worden von den Knallchen. Geht einer von Sullys Knallchen eine Knarre nach mir zücken wird der sich schon bessere Manieren beibringen lassen. Ich werd seinen Kopf zerbrochen kriegen durch einen Norweger welcher aus der Christenheit verstoßen worden. Ich bin absolut stolz auf Mr Earwicker. Das sag ich Schlingeln und Mr Leugner McGrath, rück & streifig, neun Pence.

(Gezeichnet)

P.S. Dieses wird M McGrath den Stahlhelm aufsetzen

(Den Plan, diesen Bittbrief als Kapitel 1.5 zu verwenden, wird Joyce allerdings schon bald wieder verwerfen; an die Stelle des Bittbriefs setzt er dann ein gänzlich neugefaßtes „Mamafesta", und von dem Ende 1923 entworfenen Brief läßt er nur stark modifizierte Teile ins *Wake*-Schlußbuch IV eingehen.[48])

Der Abdruck des „herausgelösten" Kapitels „Mamalujo" im April 1924 in der *Transatlantic Review* ist die erste Veröffentlichung überhaupt aus dem Fundus jener Texte, die Joyce nach Abschluß des *Ulysses* geschrieben hat. Die öffentliche Aufmerksamkeit ist deshalb groß, und es gibt bald Reaktionen, auch aus dem privaten Umfeld von Joyce. Sein Bruder Stanislaus schreibt ihm nach Lektüre von „Mamalujo": „Ich weiß nicht, ob dieses sabbernde Gefasel [...] mit der bewußten Absicht geschrieben ist, den Leser an der Nase herumzuführen oder nicht. [...] Oder ist das vielleicht – ein trauriger Rückschluß – eine beginnende Hirnerweichung."[49] Solche Reaktionen auf neue Joyce-Texte werden sich von nun an wiederholen; Stanislaus Joyce trifft allerdings, ohne es zu ahnen, insofern genau ins Schwarze, als er die Altersdemenz, die Joyce planmäßig in diesen speziellen

---

[48]   Vgl. dazu im Detail Laurent Milesi, „Metaphors of the quest in *Finnegans Wake*", in Geert Lernout (Hg.), *Finnegans Wake: Fifty Years*, European Joyce Studies 2 (Amsterdam / Atlanta: Rodopi 1990), S. 79-108.

[49]   Joyce, *Briefe II*, a.a.O., S. 997 (von Stanislaus Joyce, 7.8.24).

Text hineinkonstruiert hat, heraushört – freilich begeht er den Fehler, dem Autor die Demenz-Diagnose zu stellen, statt auch nur zu ahnen, daß solche Demenzerscheinungen als Thema und Modus des Textes intendiert sind.

Wenngleich also die erste Veröffentlichung eines neuen Joyceschen Prosatextes nach dem *Ulysses* nicht unbedingt die erhofften Reaktionen heraufbeschworen hat, steht Joyce den Gelegenheiten für weitere Teilveröffentlichungen aufgeschlossen gegenüber. Solche Gelegenheiten bieten im Frühjahr 1925 zwei Schriftstellerkollegen von Joyce, nämlich Robert McAlmon, der in Paris unter dem Titel *Contact Collection of Contemporary Writers* eine Anthologie neuer Texte englischsprachiger Autoren (darunter Djuna Barnes, Ford Madox Ford, Ernest Hemingway, H.D., Ezra Pound, Dorothy Richardson, Edith Sitwell, Gertrude Stein und William Carlos Williams) herausbringen will, und T. S. Eliot, der für seine in London erscheinende Zeitschrift *Criterion* einen Text wünscht. Joyce entschließt sich, dafür die Textstücke zu nehmen, die seine konzeptionellen Überlegungen zur Entwicklung eines Gesamtprojekts Ende 1923 am produktivsten vorangebracht haben, nämlich das „Mamafesta"-Kapitel „für Mr. Eliot zu überarbeiten"[50] und McAlmon das „Earwicker"-Initialkapitel zu geben. Gesundheitliche Probleme verzögern das Bemühen, die beiden nun schon etwas älteren Texte im Lichte der seither entstandenen zu aktualisieren und in publikationsfähigen Zustand zu versetzen; am 25. März meldet Joyce an Miss Weaver, er habe „gerade die Überarbeitung des Stückes für Mr. Eliot beenden" können[51], allerdings muß er sich im April nochmals damit beschäftigen, da er das Skript „von der Abschreiberin (ich war zu blind, um ihr dessen Labyrinthe erklären zu können) in einem furchtbaren Durcheinander zurück" erhält[52]. Mit dem „Earwicker"-Kapitel macht Joyce sich offensichtlich weniger Mühe; er will es nicht komplett abdrucken lassen, sondern lediglich den Anfangsabschnitt aus dem August 1923, der seit dem September 1923 in einer korrigierten Maschinenabschrift vorliegt, die er McAlmon offenbar un- oder kaum verändert überläßt – am 4. April 1925 schreibt er ihm, er wolle „jetzt, zwischen zwei Operationen, meinen Beitrag sehr gern korrigieren, falls Sie die Fahnenabzüge des Buches erhalten

---

[50]   Ebd., S. 1021 (an Harriet Shaw Weaver, 26.2.25).
[51]   Ebd., S. 1023 (an Harriet Shaw Weaver, 25.3.25).
[52]   Ebd., S. 1026 (an Harriet Shaw Weaver, 11.4.25).

haben."[53] Joyce ist bekannt als jemand, der seine Texte in den Fahnen-
abzügen – also im gesetzten Zustand – noch stark zu verändern und vor
allem zu erweitern pflegte; in den „Earwicker"-Abschnitt für die *Contact
Collection* fügt er aber für seine Verhältnisse recht wenig Ergänzungen ein.
Die *Contact Collection* mit diesem also nur leicht erweiterten Text (betitelt
„From Work in Progess") erscheint um den 1. Juni 1925 herum; Ende Juli
folgt dann der Abdruck des „Mamafesta"-Kapitels als „Fragment from an
Unpublished Work" in *Criterion*[54].

In der Zwischenzeit hat Joyce sich mit ganz anderen Textteilen beschäf-
tigt; bis 1926 hat er den Gesamtplan von *Finnegans Wake* im Kopf, die
Bücher I und III weitgehend entworfen und als Buch II vier verbindende
Kapitel geplant.[55] Das Großprojekt hat damit einen Zustand erreicht, in dem
Joyce daran gehen kann, es in Gestalt eines kontinuierlichen Vorabdrucks
zu publizieren, und zwar in einer avantgardistischen Zeitschriftenneu-
gründung von Eugene Jolas in Paris, *transition*. Von Anfang April bis
Anfang November 1927 erscheinen in den ersten acht Nummern dieser
Zeitschrift alle acht Kapitel des ersten Buchs von *Finnegans Wake* in den zu
dieser Zeit vorliegenden Fassungen. Kapitel I.2, also das erste „Earwicker"-
Kapitel, wird in der etwa Mitte April erscheinenden zweiten Nummer
abgedruckt; im Februar und März hat Joyce dafür in üblicher Manier den
Text überarbeitet.[56] Bei der Überarbeitung des Eingangsabschnitts hält
Joyce sich allerdings zurück, da dieser ja schon veröffentlicht ist, was denn
auch eigens vermerkt wird: *„The first part of the foregoing intallment
appeared in the Contact Editions and is reprinted here by courtesy of Mr*

---

[53]   Ebd., S. 1025 (an Robert McAlmon, 4.4.25).

[54]   Vgl. James Joyce, „Fragment from an Unpublished Work", in *Criterion* 3.12
(1925), S. 498-510. Die endgültige Fassung dieses Kapitels findet sich in
Joyce, *Finnegans Wake*, a.a.O., S. 104-125.

[55]   Als knappen Überblick über die Genese von *Finnegans Wake* vgl. Friedhelm
Rathjen, *James Joyce* (Reinbek: Rowohlt 2004), S. 105-124. Eine detaillierte
Übersicht gibt Danis Rose, *The Textual Diaries of James Joyce* (Dublin:
Lilliput Press 1995).

[56]   Vgl. Joyce, *Briefe II*, a.a.O., S. 1101 (an Harriet Shaw Weaver, 2.3.27): „Ich
mußte [den „Earwicker"-Text] für die Herausgeber von *Transition* revidie-
ren und noch einmal lesen."

Robert Mc Almon"[57] („Der erste Teil der vorstehenden Fortsetzungsfolge erschien in den *Contact Editions* und wird hier mit freundlicher Genehmigung von Mr Robert Mc Almon nachgedruckt"). Joyce tendiert dazu, einmal veröffentlichte Texte als vorläufig abgeschlossen zu betrachten und sich mit weiteren Eingriffen zurückzuhalten; ganz auf nachträgliche Textergänzungen zum ersten „Earwicker"-Abschnitt verzichten mag er allerdings doch nicht, wie der Vergleich beider Fassungen zeigt, und beim zweiten Abschnitt und dem abschließenden Spottlied hat er erst recht keine Hemmungen, was Textmodifikationen und insbesondere -erweiterungen betrifft. Im letzten Moment wünscht er sich über der Ballade die Zeile:

Music by O. Gianni!   Words by A. Hames¡[58]

Dieser Wunsch kommt aber offenbar zu spät; die Zeile wird nicht berücksichtigt, auch nicht in der späteren Buchfassung.

Nach dem Abdruck des kompletten ersten *Wake*-Buches in *transition* im Verlauf des Jahres 1927 kann Joyce den „Earwicker"-Komplex erst einmal als erledigt zur Seite legen und sich den anderen Teilen zuwenden. Zwischen März 1928 und Februar 1929 bringt er in *transition* auch den Großteil von Buch III zum Abdruck; Planung und Ausführung der noch ausstehenden Teile (insbesondere Buch II) und die Überarbeitung bestehender Entwürfe ziehen sich allerdings mit fortschreitender Arbeit immer mehr in die Länge, auch durch private Krisen, in deren Verlauf diese Arbeit zeitweilig ganz zum Erliegen kommt. Im Herbst des Jahres 1931 – in einer langen Phase, in der er keine neuen Textteile schreibt – revidiert Joyce auf der Basis der *transition*-Vorabdrucke sämtliche Teile des Buchs I, so daß er im November eine durchgehende Fassung in druckfertigem Zustand hat. Die von Joyce vermeldete „Erleichterung [...], daß viel mehr von dem Buch

---

[57]   Copyrighthinweis zu James Joyce, „Continuation of a Work in Progress", in *transition* 2 (1927), S. 94-107, hier S. 107.

[58]   Joyce, *Briefe II*, a.a.O., S. 1111 (an Sylvia Beach, 1927). – Umgesetzt wird der Wunsch erst lange nach dem Tod von Joyce in der Neuedition des *Wake*; vgl. James Joyce, *The Restored Finnegans Wake*, hg. v. Danis Rose u. John O'Hanlon (London: Penguin 2012), S. 35.

fertig ist, als ich gehofft hatte"[59], ist allerdings nicht von langer Dauer, denn die Fertigstellung der ausstehenden Teile erweist sich als überaus mühsam, zumal Joyce mehrmals an einen Punkt kommt, an dem er glaubt, er könne nicht mehr schreiben[60].

In der ersten Hälfte des Jahres 1936 revidiert Joyce die Kapitel von Buch I noch einmal, d.h. er fügt Textergänzungen ein. Zu diesem Zeitpunkt ist endlich ein Ende der langen Mühsal absehbar; im Schneckentempo nähert sich Joyce der finalen Buchpublikation, für die die fertigen Teile sukzessive in Satz gehen. Ab Frühjahr 1937 korrigiert Joyce einen ersten Fahnensatz für die Bücher I und III, wobei ihm immer noch neue Textergänzungen einfallen, wodurch die Prozedur weder vereinfacht noch beschleunigt wird; gleichzeitig ist Joyce aber auch noch mit der Fertigstellung einzelner Teile aus Buch II für Vorabdrucke in *transition* beschäftigt. Die redaktionelle Arbeit an mehr oder weniger allen Textteilen gleichzeitig hat immerhin den Vorteil, daß Joyce bei den Überarbeitungen durch Einschübe und Korrekturen die Vernetzung der frühen Textteile mit den später entstandenen optimieren kann – auch dies erklärt die recht ausgreifende Erweiterung speziell des „Earwicker"-Einstiegskapitels, die beim Vergleich der 1927er *transition*-Version mit der 1939er Buchversion auffällt. Diese Buchversion des Kapitels ist schon in den frühen Monaten des Jahres 1938 komplett, als Joyce in der zweiten Fahnenkorrektur weitere Modifikationen vornimmt. Anschließend hat er mit den weiteren Teilen des Buches noch reichlich zu tun.

Im Sommer 1938 nähert Joyce sich dem Schluß seiner Mühsal. Im Juli fällt ihm die Skizze zu Roderick O'Conor ein, mit der sein Großprojekt gut anderthalb Jahrzehnte zuvor begonnen hatte und die er gern als Schlußpassage dem 4. Kapitel in Buch II einfügen möchte; er sucht sich den Text heraus – und entdeckt weitere Texte von 1923, die er mittlerweile völlig vergessen hat, darunter die Skizze zum heiligen Kevin, eine Bittbrief-

---

[59] James Joyce, *Briefe III*, hg. v. Richard Ellmann, üb. v. Kurt Heinrich Hansen (Frankfurt a.M.: Suhrkamp 1974), S. 1264 (an Harriet Shaw Weaver, 27.10.31).

[60] James Joyce an Harriet Shaw Weaver, 21.7.32, zitiert nach Mary T. Reynolds, „Joyce and Miss Weaver", in *James Joyce Quarterly* 19.4 (Sommer 1982), S. 373-403, hier S. 393.

Skizze, „Mamalujo" und „Tristan und Isolde".[61] Die Kevin- und die Brief-Skizze rettet Joyce, indem er sie in das kurze Buch IV einbaut, aber „Mamalujo" und „Tristan und Isolde" bereiten größere Probleme, will Joyce Plan und Gefüge von *Finnegans Wake* nicht gefährden. Schließlich entscheidet er, das bisherige 4. Kapitel in Buch II einfach dem 3. Kapitel zuzuschlagen, so kann er „Mamalujo" als neues (naturgemäß recht eigenständiges, mit dem Rest von *Finnegans Wake* nur notdürftig verbundenes) Kapitel II.4 einfügen. Um auch „Tristan und Isolde" einzuarbeiten, kehrt Joyce zum ursprünglichen Ansatz aus dem April 1923 zurück und re-integriert „Mamalujo" und „Tristan und Isolde" zu einem gemeinsamen, einheitlichen Text. Mit den beträchtlichen Mühen, die zur Umsetzung dieses Rettungsplans unerläßlich sind, schlägt sich Joyce ab August 1938 herum; erst am 14. November kann er das komplettierte Buch II von *Finnegans Wake* an den Verlag Faber nach London schicken. Naturgemäß beschränkt sich Joyce bei der Um- und Einarbeitung von „Mamalujo" und „Tristan und Isolde" nicht darauf, die alten Texte in den neuen Kontext einzufügen, sondern führt etliche neue Textänderungen und -erweiterungen durch.[62] Am 18. November 1938 kann Joyce seinem Freund Paul Ruggiero berichten: „Ich habe mein Buch beendet. [...] Hurra! Ich habe dieses vermaledeite Buch beendet."[63] Am 4. Mai 1939 erscheint *Finnegans Wake* dann zeitgleich bei Faber in London und in der Viking Press in New York, mit der „Earwicker"-Initialepisode als Kapitel I.2[64] und „Mamalujo" als II.4[65]. Kurioserweise ist es also so, daß jene Textentwürfe, mit denen die Arbeit an *Finnegans Wake* (oder dem, was schließlich *Finnegans Wake* werden sollte) begonnen hat,

---

[61] Zu den Details der Entscheidungen im Sommer 1938 vgl. Rose, *The Textual Diaries of James Joyce*, a.a.O., S. 130 f.

[62] Die Revisionen sind im Detail nachzuverfolgen in dem etwa zwischen August und Oktober 1938 entstandenen Notizbuch VI.B.41. Vgl. Michael Groden et alii (Hg.), *The James Joyce Archive*, Bd. 39: *Finnegans Wake: A Facsimile of Buffalo Notebooks VI.B.41-44*, hg. v. Danis Rose (New York: Garland 1978); außerdem ebd., Bd. 56: *Finnegans Wake, Book II, Chapter 4: A Facsimile of Drafts, Typescripts, & Proofs*, hg. v. Danis Rose mit John O'Hanlon (New York: Garland 1978).

[63] Joyce, *Briefe III*, a.a.O., S. 1612 (an Paul Ruggiero, 18.11.38).

[64] Vgl. Joyce, *Finnegans Wake*, a.a.O., S. 30-47.

[65] Vgl. ebd., S. 383-399.

mehr als anderthalb Jahrzehnte später auch Gegenstand der letzten Joyce-schen Arbeiten an diesem vertrackten Großroman sind – die Anfänge und der Abschluß hängen zusammen, was trefflich zum zyklischen Gesamt-konzept des Buches paßt, auch wenn es in diesem speziellen Sinne von Joyce nicht intendiert war.

Entlang der Flußgefließe

Ein *Finnegans-Wake*-Digest

James Joyce hat die einzelnen Teile von *Finnegans Wake* nicht in der Reihenfolge geschrieben, in der sie im Buch stehen, und das heißt, daß die innere Logik des fertigen Textes eine andere ist als die Logik der Textgenese. Der Nachvollzug der Genese gerade in jener Frühphase, in der Joyce zur Konzeption des Gesamttextes erst finden mußte, ist zwar in vielerlei Hinsicht höchst aufschlußreich und erklärt auch bis zu einem gewissen Grade, warum sich der Text zu dem entwickelt hat, der er am Ende geworden ist – aber wenn wir uns dem Verständnis dieses fertigen Textes und seiner Struktur nähern wollen, kommen wir nicht umhin, *Finnegans Wake* von vorne nach hinten durchzugehen, als hätten wir es mit einem ganz normalen Roman zu tun, der sukzessive seine Handlung, seine Ästhetik und seine künstlerische Intention entfaltet. Einen solchen Durchgang durch *Finnegans Wake*, Kapitel für Kapitel vom Anfang bis zum Ende, versuche ich nachfolgend in einer Kombination aus erklärender Nacherzählung und eingeschalteten Zitatpassagen. Zitate aus und Verweise auf *Finnegans Wake* erfolgen parenthetisch im fortlaufenden Text unter Zuhilfenahme des gebräuchlichen Kürzels FW mit nachfolgender Seitenangabe; zitiert wird nach den Erstausgaben und den identisch paginierten Nachdrucken[1]. Die stets beigegebenen Übersetzungen ins Deutsche stammen sämtlich von mir und wurden dem Band *Winnegans Fake*[2] entnommen, sofern in den Anmerkungen keine abweichende Quelle genannt wird. Da ich aus Gründen der Einheitlichkeit und Stimmigkeit keine Übersetzungen zitieren möchte, die von anderer Hand stammen, werden jene Kapitel oder Textteile von *Finnegans Wake*, aus denen ich selbst nie

---

[1]   Vgl. James Joyce, *Finnegans Wake* (London: Faber and Faber 1939); diverse seiten- und zeilenidentische Nachdrucke. Alle originalsprachlichen Ausgaben vor 2010 übernehmen den Satz dieser Ausgabe, teilweise mit Detailkorrekturen im Text.

[2]   Vgl. James Joyce, *Winnegans Fake. Aus dem Spätwerk*, hg. u. üb. v. Friedhelm Rathjen (Südwesthörn: Edition Rejoyce 2012).

etwas übersetzt habe, in summarischer Knappheit abgehandelt; in diesen Fällen weise ich jedoch auf empfehlenswerte deutsche Übersetzungen hin, soweit solche vorliegen, so daß eventuell sich einstellendes Interesse nicht unbefriedigt bleiben muß.

Finnegans Wake I.1
(FW 3-29)

Dieses Kapitel verfaßte Joyce zwischen August 1926 und März 1927; es erschien in der ersten Fassung unter dem Titel „Opening Pages of a Work in Progress" in *transition* 1 (April 1927).

In diesem Eingangskapitel werden die durchlaufenden Themen von *Finnegans Wake* gesetzt. Zu nennen ist an erster Stelle die zyklische Abfolge von Aufstieg und Niedergang, angelehnt an die Geschichtsphilosophie des bereits im ersten Satz angespielten Giambattista Vico, derzufolge auf ein Götterzeitalter ein Heldenzeitalter und auf dieses ein Menschenzeitalter folge, woraufhin es zu einem „Ricorso" komme und der ganze Zyklus von neuem beginne – entsprechend teilt Joyce seinen Roman in drei umfängliche Bücher ein, auf die ein kürzeres viertes folgt, dessen unvollständiger letzter Satz in den ebenfalls unvollständigen ersten Satz des Auftakts zurückfließt. Im Textanfang bringt Joyce diverse Signale für diesen zyklischen Prozeß unter:

> riverrun, past Eve and Adam's, from swerve of shore to bend of bay, brings us by a commodius vicus of recirculation back to Howth Castle and Environs.
>
> Sir Tristram, violer d'amores, fr'over the short sea, had passencore rearrived from North Armorica on this side the scraggy isthmus of Europe Minor to wielderfight his penisolate war: nor had topsawyer's rocks by the stream Oconee exaggerated themselse to Laurens County's gorgios while they went doublin their mumper all the time: nor avoice from afire bellowsed mishe mishe to tauftauf thuartpeatrick: not yet, though venissoon after, had a kidscad buttended a bland old isaac: not yet, though all's fair in vanessy, were sosie sesthers wroth with twone nathandjoe. Rot a peck of pa's malt had Jhem or Shen brewed by arclight and rory end to the regginbrow was to be seen ringsome on the aquaface.
>
> (FW 3)

Übersetzt:

> Flußgefließe, schleunigst Ev' und Adam passiert, vom Strandgestreun zum Buchtgebeug, führt uns im commundiösen Wickelwirken des Rezirkulierens zurück zur Burg von Howth con Entourage.
>
> Sir Tristram, Widerholer d'amoore, von jenseits der Kurzsee, war passimkorps aus Nordarmorika rückgelangt an diese Seite den rauhen Isthmus von Kleineuropa um seinen penisolieren Krieg zu fehderführen: noch hatten Topsawyers Felsen am Oconeelauf einanders aufgeworfen zu Laurensbezirksgeäugiern während sie die ganze Zeit ihre Unzoll verdopplinten: noch neStimmede aus deFeuerne michsiemaschsie blaßgebalgt um Dubistpaetrick taufzutaufen: noch nicht, obwohl hirschnell danach, hatte ein Knirpskniff einen dünkelnobelalten Isaak butterseicht bedickerendet: noch nicht, obwohl man's ja mag vannerstdie Eiteln kleiden, zürnten sosie Schwesthern zweinem Nathaundjoe. Nücht einen Viertelscheffel von Pas Malz hatte Jhem oder Shen bis zum Boginnlicht gebraut und rötaurig Ende zum Gegenbrauen war allerherund zu sehen auf der Aquafratz.

Die Abfolge von Aufstieg, Niedergang und folgendem Wiederaufstieg ist aber auch schon in dem titelgebenden Trinklied vom Maurer Tim Finnegan angespielt, der von der Leiter gefallen und dabei vermeintlich tödlich verunglückt ist – als bei der Totenwacht einer der zechenden Trauergäste Whiskey über ihm verschüttet, erhebt er sich zu neuem Leben. Dieser Finnegan verbindet sich mit dem irischen Sagenheld Finn MacCool, der zu Beginn von *Finnegans Wake* an der Seite der Liffey hingegossen in der Stadtlandschaft von Dublin liegt und mutmaßlich schläft – er wird sich wieder erheben. Anspielungen auf Finnegan und/oder Finn werden sich durch das komplette Buch ziehen: „Finnfinn der Faineant" (FW 254: „Finnfinn the Faineant"); „Prospektor Projektor und bomooster Gigantenerbauer aller Dämmerkoschwerauchimmer [...] Big Maester Finnykind" (FW 576: „Prospector projector and boomooster giant builder of all causeways woesoever [...] Big Maester Finnykin").

In der bürgerlichen Variante ist der männliche Held von *Finnegans Wake* ein Schankwirt im Dubliner Vorort Chapelizod, der wohl den Familiennamen Porter trägt, verheiratet ist und drei Kinder hat: eine Tochter und zwei rivalisierende Zwillingssöhne. In der Familienkneipe erklingen naturgemäß irische Lieder speziell der volkstümlichen Art, gern durcheinander im „Stimmgelärm":

Shize? I should shee! Macool, Macool, orra whyi deed ye diie? of a trying thirstay mournin? Sobs they sighdid at Fillagain's chrissormiss wake, all the hoolivans of the nation, prostrated in their consternation and their duodisimally profusive plethora of ululation. There was plumbs and grumes and cheriffs and citherers and raiders and cinemen too. And the all gianed in with the shoutmost shoviality. Agog and magog and the round of them agrog. To the continuation of that celebration until Hanandhunigan's extermination! Some in kinkin corass, more, kankan keening. Belling him up and filling him down. He's stiff but he's steady is Priam Olim! 'Twas he was the dacent gaylabouring youth. Sharpen his pillowscone, tap up his bier! E'erawhere in this whorl would ye hear sich a din again? With their deepbrow fundigs and the dusty fidelios. They laid him brawdawn alanglast bed. With a bockalips of finisky fore his feet. And a barrowload of gucnesis hoer his head. Tee the tootal of the fluid hang the twoddle of the fuddled, O!

(FW 6)

Übersetzt:

Säuftserg? Sollt ich siehen! Macool, Macool, ochjäh waruum tatst du'n sterbuun? von 'nem stöhnen Durstertagsorgen? Schlucktzerr säuftsen sie echtsinnd bei Füllneurins Weinwachtswürg, alle Hoolifans der Nation, dahingestrecknist in ihrer Verstürzung und ihrem verdutzend übelschwänklichen Trüberfluß der Heuligkeit. Da gab's Pflaumeln und Gezwetsche und Kirscherrn und Chorinthner und Rohsündner und Zimpterlinge dazu. Und die allemachten mit mit fäusterster Heiserkeit. Achgoggi und machguggi und in der Runde rum flachgroggi. Auf die Continuität der Celebrität bis zu Hanundhunnigans Endledigung. Manche in Kennkinnkordialität, nochmehr, kannkannkummervoll. Ihn aufbimmelnd und ihn abfüllend. Er ist steif und ist doch stetig das ist Priam Olim! 's war so er war der beanständige tagelaunernde Jung. Schleift seinen Kuschelstein, zapft seine Bahr an! Äragendwo auf dieser Wirrlt wärd'ste da wiedermals sohn Stimmgelärm hörnkönn'n? Mit ihrem Tiefbraupfundsdings und den adürsten Fiedelios. Sie legten ihn breidämman entlangläßtes Bett. Mit 'nem Bockgalipp Finhishky vorn seinen Füßen. Und 'ner Kistenlage Guenesis hieber sein Haupt. Zusammen dem Tutaln der Flößte hung dem Gesäudel der Bumsfiedeln, O!

Unter dem Namen Porter allerdings tritt der männliche Protagonist selten auf; meist begegnen wir ihm in Varianten der Initialen HCE, so auch schon im allerersten Satz von *Finnegans Wake*. Diese Initialen werden überall im Buch auf verschiedenste Weise gefüllt: „härnach, cühl bei Ebbe" (FW 17: „hence, cool at ebb"); „ihren Schnuller auf dem Wachstuchflursboden trittelhackten seines Hoimreighs, Castells und Erdenhauses" (FW 21: „their dummy on the oil cloth flure of his homerigh, castle and earthenhouse"); „da Her werden die Camelrückigen Exzesse als von einer oder irgendeiner der verursachenden Ursachen von allem, diesen binsigen hohlen Heldinnen in Hemdsärmeln, angestachelt angesehen" (FW 67: „hence these camelback excesses are thought to have been instigated by one or either of the causing causes of all, those rushy hollow heroines in their skirtsleeves"); „Hocus Crocus, Esquilocus" (FW 254); „Haud certo ergo" (FW 263); „Hier endet Chinchinatibus" (FW 367: „Here endeth chinchinatibus"); „Ecce Hagios Chrismann! [...] Hunkalus Chinderierter Easterheld. [...] Hügelwolk einschließe uns!" (FW 480: „Ecce Hagios Chrisman! [...] Hunkalus Childared Easterheld. [...] Hillcloud encompass us!"); „Fa Fe Fi Fo Fumm! Ho, Crotzer, Ebeltüter! Aufgestanden, Sir Geistus!" (FW 532: „Fa Fe Fi Fo Fum! Ho, croak, evildoer! Arise, sir ghostus!"); „Habet Chindern Eberall" (FW 535: „Haveth Childers Everywhere"); oder auch über den Zeilenfall hinweg:

> – Hail him heathen, heal him holystone!
> Courser, Recourser, Changechild ....?
> Eld es endall, earth ....?"

(FW 481)

Übersetzt:

> – Heil ihm Heide, heilt ihn Heiligstein!
> Cursierer, Recursierer, Wechselbalg ....?
> Elt wie endall, Erd ....?

Dem All-Mann HCE zur Seite tritt seine Frau häufig in Varianten der Initialen ALP: „wenn hec nicht die alpie liebt dann, Lümmel, sind's zum heulen" (FW 332: „if hec dont love alpy then lad you annoy me"). ALP kann natürlich auch ohne HCE auftreten: „Alleinige Lachhafte Partei" (FW 66: „A Laughable Party"); „Apis amat aram. Luna legit librum. Pulla petit pascua" (FW 262); „ich braute für meine alpine Plurabelle, wigwärmiges Weibsbild, [...] mein granvilliges brandaltes Dubliner Lindub, die freie, die frohe, die früchtige Frischende" (FW 553: „I brewed for my alpine plurabelle, wigwarming wench, [...] my granvilled brandold Dublin lindub, the free, the froh, the frothy freshener"). Und wenn von einer Frau die Rede ist, aber nur die Initialen HCE auszumachen sind, so ist dennoch klar, um wen es sich handelt: „komm Bastabasco und Hüftychüpp-Eier, sie wird ein suomeasiges Paar und Einzidecke machen, Reithoslüttchen und nähmannslos, eine Kopenerskrippvoll, Blatt, Knosp und Beere, des Deuvlins eigne kleine Mimmykennpussi, (hip, hip, horatia!) für meinen alten kommrhaden Saltzymar hier" (FW 329: „come Bastabasco and hippychip eggs, she will make a suomease pair and singlette, jodhpur smalls and tailorless, a copener's cribful, leaf, bud and berry, the divlin's own little mimmykin puss, (hip, hip, horatia!) for my old comrhade saltymar here").

Ebenfalls bereits im Eingangskapitel treten die Zwillingsbrüder Shem und Shaun auf, allerdings unter verschiedenen Verkleidungen. In Gestalt des keltischen Mutt und des skandinavischen Jute, der ausruft „Was für eine schaurhaurhaurhaurbarre Sache, Urrsach zu seihen!" (FW 16: „What a hau-hauhauhaudibble thing, to be cause!"), führen sie einen Dialog über irische Geschichte und – in Anspielung auf den historischen Fall des Politikers Charles Stewart Parnell – gefälschte Briefe, in denen verräterische Falsch-schreibungen wie „Bedänkin" und „Bädenkän" (FW 16: „Hasatency [...] hasitancy") zu finden sind, die (wie schlechthin alle Textelemente) später im Buch immer wieder variiert werden: „der Zusammbruch der Bedenkli-chen, der Zauberspruch der Bedänken" (FW 97: „the spoil of hesitants, the spell of hesitency"); „zu bedänken" (FW 149: „to hasitate"); „Und jene salubrierte Ungläuschtrittf von Tier hat meine ganze Betänzlichkrall teesträubt. [...] Ich bin nur los um über die Gehabe deines Schlundwegs in deine Bedänkerlichgerichtheit zu zelebrücken. Du bist zu hunderttausend Malen willkommen, alter Wörtsampler, obhöll du gerad so ziemlich so schondich bist wie mein schuhdrichtes Mörterchen wäre." (FW 305: „And that salubrated sickenagiaour of yaours have teaspilled all my hazeydency.

[...] I'm only out for celebridging over the guilt of the gap in your hiscitendency. You are a hundred thousand times welcome, old wortsampler, hellbeit you're just about as culpable as my woolfell merger would be.") Damit ist auch schon das wichtige Briefthema gesetzt; leitmotivisch taucht in *Finnegans Wake* ein ominöses Schreiben auf, das von einer Henne aus dem Dunghaufen gescharrt wird und das HCE belastet. Eine weitere Inkarnation von Shem und Shaun im Auftaktkapitel ist das Gespann Primas und Caddy: „Primas war ein Schildpostan und schrie alle schicklichen Leute an. Caddy ging ins Weinhaus und schreib von Frühdenn Farce." (FW 14: „Primas was a santryman and drilled all decent people. Caddy went to Winehouse and wrote o peace a farce.") Shem (hier: Caddy) ist der liederliche Typ, der trinkt und schreibt; Shaun (hier: Primas) hingegen ist der ordentliche und pflichtbewußte Spießer und außerdem – hier im „Schildpostan" angedeutet – von Beruf Briefträger, also nicht (wie sein Bruder) Verfasser, sondern nur Überbringer von Texten. Shaun ist überall dort im Text präsent, wo von Post, von P(f)osten, vom (Trans)Portieren und dergleichen die Rede ist, so im Eingangskapitel in „ein Potz Pörtnerpirsich" (FW 21: „a poss of porterpease"), späterhin in Wendungen wie: „War er nicht einfach begöttelisch jener Dogg eines Dags in Skokholm als ich ritschlicks aupum ihrem Dreuwiden-Altar saß, so kühledas wie Gurkelwass, meine Schieren schlagend bis zum Schräruinnen, Postillion, Postalljung, eine Schaukill eine Schaukerl, und du mir Wolken von Würgrauch bietend und siehier Hornistern tittatterbsessen aufm Angerrasen!" (FW 279: „Wasn't it just divining that dog of a dag in Skokholme as I sat astrid uppum their Drewitt's altar, as cooledas as culcumbre, slapping my straights till the sloping ruins, postillion, postallion, a swinge a swank, with you offering me clouts of illscents and them horners stagstruck on the leasward!") Oder: „Shaun! Shaun! Die Post zur Post!" (FW 404: „Shaun! Shaun! Post the post!") Oder: „dieses postzuviele Sendschreiben in seiner Majestät Diensten" (FW 409: „these postoomany missive on his majesty's service"). Oder: „der Gehkarrtier der's sich auszahlen machen würd wie Registrierkassen so sicher wie da ein Pott auf'm Pfahlposten ist." (FW 451: „the gogetter that'd make it pay like cash registers as sure as there's a pot on a pole."). Oder, sehr viel vertrackter: „Er ist der mächtigste Alpenschirm auf dem ich jemals hunter dem Halpschatten eines Pfostens erblühte! [...] Wir sind so dick und dünn jetzt wie zwei röhrenfürmige Zobejuckbäll. Ich hasse ihn über seine patente Hänessie, plashst es, doch bin ich Amorist. Ich liebe ihn. Ich liebe seine alte Portugallernase." (FW 462 f.: „He's the mightiest penumbrella I ever flourished on behond the shadow of a post! [...] We're as thick and thin now as two tubular jawballs. I hate him about his patent henesy, plasfh it, yet am I amorist. I love him. I love his old portugal's nose.") Oder, wieder simpler: „Jaun der Protzler" (FW 469: „Jaun the Boast"). Oder: „Thots ist niemals der Postpope, kümmernd um Kinnkinnagekeif mit Nipponnippes!" (FW 485 f.: „Thot's never the postal cleric, checking chinchin chat with nipponnippers!")

Wir erfahren beizeiten, daß die beiden Zwillinge im Jahr 1132 geboren wurden, und diese Zahl durchzieht – als Jahreszahl, als Uhrzeit und in vielerlei sonstiger teils offener, teils versteckter Gestalt – ebenfalls das ganze Buch: „auf dem geringsten Umwand seiner Mannscherzten Stimme spielend, das erste heldische Verspaar aus der Fugalle Tropicalle, Opus elev, Zuwehunddreizehig: *Mein Sinnen auf das Schwebverfallen Für dieses Mal gehorchmuß knallen*" (FW 73: „playing on the least change of his manjester's voice, the first heroic couplet from the fuguall tropical, Opus Elf, Thortytoe: *My schemes into obeyance for This time has had to fall*"); „Elfte Streife West Nummer Zweiunddreißig sieht auf jenen (mögen alle im Zukommenden des everwährenden Spirls damit flinken!) doloriferösen Dattumsbaum" (FW 274: „Number Thirty two West Eleventh streak looks on to that (may all in the tocoming of the sempereternal speel spry with it!) datetree"). Über den Hintergrund dieser leitmotivischen Zahl ist viel spekuliert worden; einiges spricht dafür, daß Joyce ursprünglich eine 1132 Jahre umspannende Zeitspanne der irischen Geschichte abdecken wollte, die vom Jahr 566 v. Chr. bis zum Jahr 566 n. Chr. reichen sollte – im Jahr 283 n. Chr. starb den *Annals of the Four Masters* zufolge der Sagenheld Finn MacCool, was dann das Ende des dritten Abschnitts des vierteiligen Zyklus markieren würde. In jedem Fall läßt sich sagen, daß die Hälfte von 1132 – eben 566 – ebenso wichtig ist; im Jahr 566, so berichtet das Eingangskapitel, ist die Schwester von Shem und Shaun geboren worden, ein Mädchen, das meist Issy oder Izzy genannt wird. Der Name kann gedeutet werden als Kurzform von Isabel und Isolde und verweist damit neben anderen Stoffen auf denjenigen von Tristan und Isolde, der nicht nur im

Namen des Dubliner Vororts Chapelizod (Kapelle der Isolde) präsent ist, sondern auch schon im Hinweis auf Tristan im zweiten Absatz des Eingangskapitels. Isolde ist eine Frau, um die sich zwei Männer streiten – das führt auf den Bruderzwist von Shem und Shaun. Allerdings ist im Sagenstoff Isoldes Mann Marke betagt, ihr Geliebter Tristan hingegen ein Jüngling, es geht also auch um einen Zwist der Generationen, verkörpert in *Finnegans Wake* durch die Vaterfigur HCE einerseits und das Zwillingsgespann andererseits. Als väterlicher ungeliebter Liebhaber könnte HCE in eine inzestuöse Beziehung verstrickt oder von einem inzestuösen Verlangen getrieben sein – dies ist eine Variante seiner (immer wieder angedeuteten) Verfehlung oder eben auch seines (moralischen) Falls.

***Finnegans Wake* I.2**
(FW 30-47)

Das Kapitel verfaßte Joyce in mehreren Stufen zwischen August 1923 und März 1927; es erschien in der ersten Fassung unter dem Titel „Continuation of a Work in Progress" in *transition* 2 (April 1927), nachdem der Anfang schon im Juni 1925 in der *Contact Collection of Contemporary Writers* abgedruckt worden war.

Dieses Kapitel, dessen Kern so etwas wie die Initialzündung zur eigentlichen Story des Buches darstellt, widmet sich so systematisch, wie dies in *Finnegans Wake* nur möglich ist, der Geschichte der offensten Inkarnation von HCE, eben Humphrey Chimpden Earwickers, und seines Namens. Deutlich wird, daß es sich um einen Fremden handelt, einen Migranten; schon die mittlere Silbe des Nachnamens verweist auf die Wikinger, also auf skandinavische Abkunft. Die Anreicherung, die dieses Kapitel im endgültigen Buch gegenüber den ersten Entwürfen erfahren hat, geht naturgemäß auf Kosten der anfänglichen Konzisheit; in der Endfassung überlagern sich etliche Motive und Themenkomplexe:

> Now (to forebare for ever solittle of Iris Trees and Lili O'Rangans), concerning the genesis of Harold or Humphrey Chimpden's occupational agnomen (we are back in the presurnames prodromarith period, of course just when enos chalked halltraps) and discarding once for all those theories from older sources which would link him

back with such pivotal ancestors as the Glues, the Gravys, the Northeasts, the Ankers and the Earwickers of Sidlesham in the Hundred of Manhood or proclaim him offsprout of vikings who had founded wapentake and seddled hem in Herrick or Eric, the best authenticated version, the Dumlat, read the Reading of Hofed-ben-Edar, has it that it was this way. We are told how in the beginning it came to pass that like cabbaging Cincinnatus the grand old gardener was saving daylight under his redwoodtree one sultry sabbath afternoon, Hag Chivychas Eve, in prefall paradise peace by following his plough for rootles in the rere garden of mobhouse, ye olde marine hotel, when royalty was announced by runner to have been pleased to have halted itself on the highroad along which a leisure-loving dogfox had cast followed, also at walking pace, by a lady pack of cocker spaniels. Forgetful of all save his vassal's plain fealty to the ethnarch Humphrey or Harold stayed not to yoke or saddle but stumbled out hotface as he was (his sweatful bandanna loose from his pocketcoat) hasting to the forecourts of his public in topee, surcingle, solascarf and plaid, plus fours, puttees and bulldog boots ruddled cinnabar with flagrant marl, jingling his turnpike keys and bearing aloft amid the fixed pikes of the hunting party a high perch atop of which a flowerpot was fixed earthside hoist with care. On his majesty, who was, or often feigned to be, noticeably long-sighted from green youth and had been meaning to inquire what, in effect, had caused yon causeway to be thus potholed, asking substitutionally to be put wise as to whether paternoster and silver doctors were not now more fancied bait for lobstertrapping honest blunt Haromphreyld answered in no uncertain tones very similarly with a fearless forehead: Naw, yer maggers, aw war jist a cotchin on thon bluggy earwuggers.

(FW 30 f.)

Übersetzt:

Nun (um auf immer bloßwenig von der gründlichen Iris Trees und der rotzigen Lill O'Rangans Standab zu nehmen), was die Abkunft von Harold oder Humphrey Chimpdens beruflichem Agnomen betrifft (wir befinden uns wieder in der vornachnamentlichen Prodromatheperiode, als natürlich gerade Enos die Hallfallen chickanierte) und um ein für allemal diese Auffassungen älterer Quellen abzustreifen, die ihn mit solch kardinalen Vorfahren wie den Glauen, den Brauhen, den Nordostern, den Ankern und den Earwickern von Sidlesham im Bezirk von Mannheit zu verbinden oder ihn als Nachsprossen von Wikingern auszugeben trachteten, die hundert Schaft gründelten und ahn in Herrick oder Eric ansattdelten, die beste verbürgte Version, der Dumlat, in der Lesung der Auslegung von Hofed-ben-Edar, besagt daß es solchermaßen war. Wir vernehmen wie es im Anfang geschah daß eines hitzigen Sabbartnachmittags, am Ende des hitzjackigen Chrichdichthags, im vorfälligen paradiesischen Frieden der große alte Gärtner gleich dem kohlenen Cincinnatus unter seinem Rotholzbaum den Tag gewann, indem er im hintern Garten des Mobhausens, des althen Marinhotels, seinem Pfluge um Trüpfeln und Wurszeln nachging, als ein Läufer von Königlichem kündete dem es gefallen habe sich an der Hauptstraße einzuhalten mit einem mußemögenden Rüdhunde hund Folgehaufen, auch im Schritttempo, eines Weibchenrudels von Cockerspanieln. Ohn Gedanken an etwas anderes als seine schiere Lehenstreue dem Ethnarchen gegenüber hielt es Humphrey oder Harold nicht bei Joch oder Sattel sondern heißgesichtig wie er war strauchelte er hervor (sein schweißiges Tuch hing lose vom Taschenmantel) und hastete zu den vier Gerichtshöfen seiner Kreise in Tropenhelm, Sattelgurt, Sonnentuch und Karodecke, knickerte Bockern, Wickelmaschen und Bulldoggstiefeln die mit flagrantem Mergel zinnobergerüttelt waren, mit seinen Turnpikenschlüsseln klimpernd und inmitten der starrenden Pieken der Jagdgesellschaft eine Hühnerhochstange emporhaltend an der ein Blumentopf befestigt war erdseitig cewissenhaft hinaufgewunden. Seiner Majestät, die von grüner Jugend an bemerkenswert weitsichtig war, oder solches oftmals vorgab, und hatte zu wissen begehren wollen, was denn wickenglich jenen ursächlichen Damm zu solcher Schlaglöchrigkeit veranlaßt habe, sich stattdessen aber erkundigte um für weis erachtet zu werden ob denn nun nicht Paternoster und Silberblinker einen schätzenswerteren Köder für den Hummerfang hergäben entgegnete der ehrliche und ungeschliffene Haromphreyde in gar nicht unsicherem Tone ganz sowie mit furchtlosem Stirngemäuer: Nöö, Euer Maddetät, ich kriegse jussogut zerschnappen mit diehier dammertäten Ohrwrigglern.

Der Name „Earwicker" ist, wie hier zu sehen, auch wörtlich zu nehmen, als Ohrwurm; in den Varianten zahlreicher Sprachen, insbesondere in Abwandlungen der französischen Vokabel „perce-oreille", scheint der Ohrwurm immer wieder im Text auf: „den Kopf des Klatschengewürms zu zertreten" (FW 102: „to crush the slanders head"); „Fliehgend die Perseoroyal" (FW 358: „Flying the Perseoroyal"); „Mir das hat ore Oreils. Piercie, piercie, piercie, piercie!" (FW 482: „Me das has or oreils. Piercey, piercey, piercey, piercey!"); niemand „auf der ganzkerlen festständrigen Oberflechte der Wellt würde ihm nach oder nahe kommen, Mr. Egelwhipper, Laich- und Aufzuchtmann" (FW 496: „on allad the hold scurface of the jorth would come next or nigh him, Mr Eelwhipper, seed and nursery man").

Neben HCEs Namen stehen Mitteilungen oder Mutmaßungen über die Natur seines Vergehens im Mittelpunkt des Kapitels. Angedeutet wird, er habe in einem Park (vermutlich dem Dubliner Phoenix Park) eine Verfehlung (womöglich unsittlicher Natur) begangen und sei dabei gesehen worden, vielleicht von walisischen Soldaten. Vorgeführt wird das Entstehen und das Anschwellen und Ausufern von Gerüchten; zwangsläufig treten dabei allerlei zwielichtige Figuren auf, teils innerhalb der erzählten Geschichten, teils auch als deren Erzähler und Aufbauscher (wobei diese internen und externen Rollen nie trennscharf voneinander zu unterscheiden sind):

> 'Twas two pisononse Timcoves (the wetter is pest, the renns are overt and come and the voax of the turfur is hurled on our lande) of the name of Treacle Tom as was just out of pop following the theft of a leg of Kehoe, Donnelly and Packenham's Finnish pork and his own blood and milk brother Frisky Shorty, (he was, to be exquisitely punctilious about them, both shorty and frisky) a tipster, come off the hulks, both of them awful poor, what was out on the bumaround for an oofbird game for a jimmy o'goblin or a small thick un as chanced, while the Seaforths was making the colleenbawl, to ear the passon in the motor clobber make use of his law language (Edzo, Edzo on), touchin the case of Mr Adams what was in all the sundays about it which he was rubbing noses with and having a gurgle off his own along of the butty bloke in the specs.
>
> (FW 39)

Übersetzt:

> 'S waren zwei streiflinke Timkerls (der Wetter ist schlumm, der Rennen sind dort und vollbei und die Stammel der Trubel pferschwallt an unser Lang) mit Namen Trickle Tom der grad ausm

Bau war in Folge des Diebstalls eines Leckerbeins von Kehoe, Donnelly und Packenhams finnixschem Pökel und sein eigener Bluts- und Milchbruder Frishki Shorty, (er war, um ihnen mit äußerster Pedanterie gerecht zu werden, ebenso schurtig wie frischlig) ein Tipgeber, runter vom Dampfer, alle beide fürchterlich arm, diewo auf Schnorrgelunger ausgegangen für'n Pinkepiepmatz-spielchen für'n Blankentaler oder'n kleinen Fuffi wie's grad kam, während die Seeforths die Collenbonde hinmachten, und öhrten den Keuchenmann im Motorkloppern seine gesetzete Sprach gebrauchen (Edzo, Edz zetera), den Fall von Mr. Adams berührnd was in allen Sonntags drüber stand mit welcher er die Nasen rubbelte und davon auch sein eigenes Geglucks habend zusammen von dem büttelkolbigen Knüllch inner Brill.

Finnegans Wake **I.3**
(FW 48-74)

Dieses Kapitel verfaßte Joyce zwischen November 1923 und Mai 1927; es erschien in der ersten Fassung unter dem Titel „Continuation of a Work in Progress" in *transition* 3 (Mai 1927).

In diesem Kapitel wird versucht, der Natur von HCEs Vergehen näher auf den Grund zu gehen, wenn auch nicht mit allzu viel Erfolg. Befragungen von Zeugen und Akteuren finden statt und ergeben Widersprüchliches. Die wichtigsten Augenzeugen, doppeldeutig gekennzeichnet als „Befuseliere", scheinen in ihrer Wahrnehmungsfähigkeit beeinträchtigt und unzuverlässig zu sein:

Tap and pat and tapatagain, (fire firstshot, Missiers the Refuseleers! Peingpeong! For saxonlootie!) three tommix, soldiers free, cockaleak and cappapee, of the Coldstream. Guards were walking, in (*pardonnez-leur, je vous en prie, eh?*) Montgomery Street. One voiced an opinion in which on either wide (*pardonnez!*), nodding, all the Finner Camps concurred (*je vous en prie, eh?*). It was the first woman, they said, souped him, that fatal wellesday, Lili Coninghams, by suggesting him they go in a field. Wroth mod eldfar, ruth redd stilstand, wrath wrackt wroth, confessed private Pat Marchison *retro*. (Terse!)

(FW 67)

Übersetzt:

> Tap und patt und tappappermals, (feuert Erstenschuß, Mistschöß
> Befuseliere! Fürs Sachsebäuten!) drei Tommix, Soldaten frei,
> Gockellauch und Kapperpienkel, von der Kaltstrom. Garde spazier-
> ten, in der (*pardonnez-leur, je vous en prie, eh?*) Montgomery
> Street. Einer äußerte eine Ansicht mit welcher zu jeder Weite
> (*pardonnez!*), nickend, alle Finner-Camps übelreinstimmten (*je vous
> en prie, eh?*). Es war die erste Frau, sagten sie, suppte ihn ein, an
> jenem fatalen Mildwoch, Lili Coninghams, indem sie ihm vorschlug
> auf ein Feld zu gehen. Erzürnen mod Eldfar, Erruthen rött Stiel-
> stand. Verzornen berzwackte Erzürnen, gestand Gemeiner Pat
> Marschison *retro*. (Terse!)

HCEs Leben oder Karriere scheint am Ende, doch die Hoffnung auf
Wiedererweckung, auf neues Leben aus dem verfallenden alten kulminiert
in der Vorstellung vom „Körnper" (FW 55: „cropse"), einem Leichnam, der
gleichzeitig Samenkorn der nächsten Generation ist. Der für HCE bestimm-
te „Sarg [...] ist entfernt worden vom Eisenwarenlager von Oetzmann und
Neffe, einem angesehenen Hause der westlichst Draufgegangensten,
welches beim natürlichen Gang aller Dinge weiterhin Bestattungszubehör
jeder nötigen Ausführung liefern wird." (FW 66: „The coffin [...] had been
removed from the hardware premises of Oetzmann and Nephew, a noted
house of the gonemost west, which in the natural course of all things
continues to supply funeral requisites of every needed description.")

Einer der Zeugen, die aussagen, ist „Long Tally Tobkids, der Spezielle"
(FW 67: „Long Lally Tobkids, the special"), ein Schlachter, der „Muttwarzt
und Hammeljutlett" (FW 67: „mattonchepps and meatjutes") liefert und
damit auf das Brüderpaar Mutt und Jute aus dem Eingangskapitel zurück-
verweist. Ein anderer Zeuge verteidigt HCE und fragt rhetorisch: „ist nicht
eher Pressung seit der Zeiten denen die Feen inne waren, und Fassegevallen
für wilde Irdenblüthin ein impressiv Privatreputation für flüsterte Sünden
gefolgt?" (FW 69: „has not levy of black mail from the times the fairies
were in it, and fain for wilde erthe blothoms followed an impressive private
reputation for whispered sins?") Dann allerdings taucht ein Mann aus dem
Westen auf, der den Angeklagten belastet: „Davy oder Titus, auf einem
Bürglist-Clan-Marsch aus dem Mittelwesten, ein unmärschig exzellenter

grober Mann über die Straße der seine Bullfüßter Berge kannte wie'n Starnsagler, [...] wetternd gegen ihn in gemauschsten Metaphoren von elf dreißig bis zwo am Nachmittag ohne auch nur ein Imbißchenpäuschen zum House, Clodseinsohn, herauszukommen, zur Exekution, du Judenbettler, Amen." (FW 70: „Davy or Titus, on a burgley's clan march from the middle west, a hikely excellent crude man about road who knew his Bullfoost Mountains like a starling bierd, [...] weathering against him in mooxed metaphores from eleven thirty to two in the afternoon without even a luncheonette interval for House, son of Clod, to come out, you jewbeggar, to be Executed Amen.") Daß der Angeklagte immer noch HCE ist, geht hier aus den Vokabeln „House, Clodseinsohn, [...] Exekution" hervor, die wiederum seine Initialen bilden. Aber er heißt auch vielfach anders, und es entsteht „eine lange Liste [...] aller beleidigenden Namen, bei denen er gerufen wurde [...] *Der Heimischen Protestantischen Religion Unwürdig,* [...] *Ich Lasse Mich Scheiden Gatte,* [...] *Bebürder von des Herrn Heiligem Platz,* [...] *–' Mann Bar der Allgemeinellren Eigenschaften einer Irischen Natur,* [...] *Dreck, Stibitzerpappa,* [...] *Merschweinchereienbastard*" (FW 71-72: „a long list [...] of all abusive names he was called [...] *Unworthy of the Homely Protestant Religion,* [...] *I Divorce Thee Husband,* [...] *Cumberer of Lord's Holy Ground,* [...] *–' Man Devoyd of the Commoner Characteristics of an Irish Nature,* [...] *Dirt, Miching Daddy,* [...] *Guilteypig's Bastard*"). Immerhin wird der Angeklagte zunächst einmal freigesprochen, begibt sich auf den Weg zu anderen „tumben und stauben Institutionen" (FW 73: „duff and demb institutions") und sagt „Aduyö!" (FW 73: „Adyoe!"). Schließlich ist er wohl zurückgekehrt in seine Kneipe: „Humph ist in seinem Schlimmbar. Wörter wiegen für ihn nicht mehr als Regentröpfeln für Rothgarnihm." (FW 74: „Humph is in his doge. Words weigh no no more to him than raindrips to Rethfernhim.")

Finnegans Wake I.4
(FW 75-103)

Dieses Kapitel verfaßte Joyce zwischen November 1923 und Juli 1927; es erschien in der ersten Fassung unter dem Titel „Continuation of a Work in Progress" in *transition* 4 (Juni 1927).

In diesem Kapitel scheint HCE zu schlafen oder gefangen oder gar begraben zu sein. „Wie der Löwe in unserm Zährgarten sich der Nupharen seines Niles entsinnt", heißt es eingangs, erinnere sich der weltabgeschiedene Held an die „Lililithien" und die „Heizenfelder" und die „korngoldene Ysolld" auf Erden (FW 75: „As the lion, in our teargarten remembers the nenuphars of his Nile [...] lililiths [...] fields of heat [...] corngold Ysit"). Aber das ist passé, statt dessen steckt er in einem „solltgewesenseinen Untergrund-himmel, oder Molwurfsparadies das möglicherweise auch eine Inversion eines Phallopharos war, dazu gedacht, den Weizenanbau aufzuforsten und das Touristengewerbe anzukurbeln" (FW 76: „wastohavebeen underground heaven, or mole's paradise which was probably also an inversion of a phallopharos, intended to foster wheat crops and to ginger up tourist trade"). Das, was hier entworfen wird, ist freilich wohl keine Endzeit, sondern die wirre Phase vor dem Neuanfang, denn der Held „steht Zeitzens Dienstan-brufung durch, Aufstehen nacherfall" (FW 78: „abide Zeit's sumonserving, rise afterfall"), „diese ganze Zeit der Totalität heimlich und durch Hinunter-lutschung sich an seinem eigenen verlegten Fett nährend." (FW 79: „all this time of totality secretly and by suckage feeding on his own misplaced fat.") Wir befinden uns in „diesen heidnischen vereisenten Zeiten der ersten Stadt (benannt nach der häßlichsten Danadüne)" (FW 79: „those pagan ironed times of the first city (called after the ugliest Danadune)"), die Szene ge-staltet sich bei Blitz und Donner „vor einem trübtraratraumschen Hinter-grund, strahlend und sehr viduell, vom alten Dummplan wie sie's riechtig konnte" (FW 79: „in a dreariodreama setting, glowing and very vidual, of old dumplan as she nosed it"). Das „sie" bezieht sich hier auf eine Witwe namens Kate – deutbar als eine alte ALP nach dem Tod des Gatten, auch wenn Kate im Haushalt der Earwickers nicht mehr ist als die Putzfrau. Tatsächlich herrscht in diesem Kapitel eine allgemeine Unordnung, die nach Aufräumen schreit.

Gegen Ende des Kapitels verschiebt sich die Szenerie, es ist wieder von einem Gerichtsverfahren die Rede, geführt gegen einen gewissen „Festy König, aus einer lange und ehrenwert mit der Teer- und Federfabrikation in Verbindung gebrachten Familie" (FW 85: „Festy King, of a family long and honourably associated with the tar and feather industries"), also den heruntergekommenen und verrohten Sproß einer einstmals edleren Sippe.

Zwischen Anklage- und Verteidigungsreden ist kaum zu unterscheiden, dies auch, weil dem Gesetz der sprachlichen Mehrfachbelichtung in *Finnegans Wake* zufolge jede Aussage gleichzeitig auch ihr Gegenteil zum Ausdruck bringt:

> The hilariohoot of Pegger's Windup cumjustled as neatly with the tristitone of the Wet Pinter's as were they *isce et ille* equals of opposites, evolved by a onesame power of nature or of spirit, *iste*, as the sole condition and means of its himundher manifestation and polarised for reunion by the symphysis of their antipathies. Distinctly different were their duasdestinies. Whereas the maidies of the bar, (a pairless trentene, a lunarised score) when the eranthus myrrmyrred: Show'm the Posed: fluttered and flattered around the willingly pressed, nominating him for the swiney prize, complimenting him, the captivating youth, on his having all his senses about him [...].You and your gift of your gaft of your garbage abaht our Farvver! and gaingridando: Hon! Verg! Nau! Putor! Skam! Schams! Shames!
>
> And so it all ended. Artha kama dharma moksa. Ask Kavya for the kay. And so everybody heard their plaint and all listened to their plause. The letter! The litter! And the soother the bitther!
>
> (FW 92 f.)

Übersetzt:

> Das Helachrichtatuten von Peggers Windzeugnis comjodelte so rein mit dem Tiristitönen vom wässrigen Pinternis überrein als wärn sie *isce et ille* Gleichheiten von Gegensätzen, hervorgegangen aus einer einsgleichsamen Macht der Natur oder des Geistes, *iste*, als das alleinige Bedingende und Mittel seiner hihmundhihren Manifestation und polarisiert für die Wiedervereinigung durch die Symphysis ihrer Antipathien. Unverkennbar verschieden waren ihre Beidbestimmungen. Wohingewgen die Mädies von der Gerichtsbarkeit (eine unpaargleichliche Trentene, eine lunarisierte Schar) als der Eranthus myrrmylte: Schau an den Posierten: den willentlich Bedrängten umschwirreten und umschmeichelten, ihn für den Sweiney-Preis nominierend, ihm gratulierend, dem einnehmenden Jüngling, daß er all seine Sinne um sich rum hatte [...]. Du und deine Gabe deines Gebabbels deines Geftgabelns übah unsern Farrverg! und gewinngridanndo: Hon! Verg! Nau! Putor! Skam! Schams! Shames!

Und so endete es alls. Artha kama dharma moksa. Bitte Kavya um aufschließenden Kommentyar. Und so hörte jeder ihre Klage und lauschten alle ihrm Geklatsche. Das Briefüll! Ganz Vielmüll! Und je früder desto bitter!

Der Urteilsspruch lautet „Nolans Brumanns" (FW 93: „Nolans Brumans"), ein durch und durch zwiespältiges Verdikt, denn es verweist auf ein spezielles Leitmotiv von *Finnegans Wake*, die Koinzidenz von Gegensätzen, von Joyce gefunden im Werk von Giordano Bruno (der aus Nola stammte, weswegen Joyce ihn gemeinhin den „Nolaner" nannte). Diese Koinzidenz von Gegensätzen entwickelt der zitierte Abschnitt über „die Symphysis ihrer Antipathien" in einer an den Nolaner Bruno angelehnten Diktion; dem Philosophen werden wir – überblendet mit der (nicht fiktiven) Dubliner Verlagsbuchhandlung Browne & Nolan – im weiteren Text vielfach begegnen, in der Regel zur Unterfütterung des ungleichen und doch unentwegt gleiche Ziele verfolgenden Brüderpaars: „Was der Grund ist warum Trumpferten in Duelle verwechselt sind und hier'st B. Rohan trifft N. Ohlan zum Preis eines Duzen." (FW 251: „Which is why trumpers are mixed up in duels and here's B. Rohan meets N. Ohlan for the prize of a thou.")

Gesprochen wird das Urteil von vier greisen Richtern, die in *Finnegans Wake* ebenfalls immer wieder auftauchen (bisweilen als vier Apostel, bisweilen als die vier Pfosten eines Bettes, und auch für die vier Provinzen Irlands können sie stehen). So unklar wie das Urteil freilich ist das Vergehen, dessentwegen es gesprochen wird – womöglich liegt dieses Vergehen eben darin, den eigenen Untergang (oder Fall) herbeigeführt zu haben: „Er hatte gewaltsame Hand an sich gelegt [...], niedergelegt, rein alles, rausgelaugt, mit gleichphallends melancholischem Tode." (FW 97: „He had laid violent hands on himself [...], lain down, all in, fagged out, with equally melancholy death.") Ein wiederauferstandener Held scheint schon in Sicht, erlangt aber keine Freiheit, sondern bleibt „der Gefangene jenes heiligen Gemäuers" (FW 100: „the prisoner of that sacred edifice"). So zerrinnt für den Moment alle Hoffnung an den Ufern eines Flusses, der Liffey, deren Personifizierung ALP ist; wäschewaschend und schwätzend sorgt sie am Ende des Kapitels für die Sprachverwirrung von „Babbelang" und weist damit auf das nächste Kapitel voraus:

Sold him her lease of nineninenintee,
Tresses undresses so dyedyedaintee,
Goo, the groot gudgeon, gulped it all.
Hoo was the C. O. D.?
                              Bum!

At Island Bridge she met her tide.
Attabom, attabom, attabombomboom!
The Fin had a flux and his Ebba a ride.
Attabom, attabom, attabombomboom!
We're all up to the years in hues and cribies.
That's what she's done for wee!
                              Woe!

Nomad may roam with Nabuch but let naaman laugh at Jordan! For we, we have taken our sheet upon her stones where we have hanged our hearts in her trees; and we list, as she bibs us, by the waters of babalong.

                              (FW 102 f.)

Übersetzt:

Verkaufte ihm ihre Pacht von neunneunneunzieh,
Zöpfchen Entknöpfchen so färbfärbfühlli
Grr, der groote Giergläubige, schluggte es all.
Wrr war der K. B., Jau?
                              Bumm!

In Eilandbrück traf sie ihre Gezeiten.
Attabomm, attabomm, attabommbaumbums!
Der Finn' hatte Strömung, seine Ebba war reiten.
Attabomm, attabomm, attabommbaumbums!
Wir sind all' bis über die Jahren am Lernen und Tosen.
Das tat sie tun für wich!
                              Weh!

Nomand möge mit Nabuch schweifen doch laßt Naamann übern Jordan lachen! Denn wir, wir haben unser Laken auf ihre Steine gebracht wo wir unsere Herzen in ihre Bäume hängten; und wir seufzen, wie sie uns säuftst, an den Wassern zu Babbelang.

***Finnegans Wake* I.5**

(FW 104-125)

Dieses Kapitel verfaßte Joyce zwischen Dezember 1923 und Juli 1927; es erschien in ersten Fassungen unter dem Titel „Fragment of an Unpublished Work" in *The Criterion* III.12 (Juli 1925) und unter dem Titel „Continuation of a Work in Progress" in *transition* 5 (Juli 1927).

Das Kapitel beginnt mit der Anrufung der All-Mutter ALP oder – wie sie in ihrer wichtigsten Rolle heißt – Anna Livia Plurabelle.

> In the name of Annah the Allmaziful, the Everliving, the Bringer of Plurabilities, haloed be her eve, her singtime sung, her rill be run, unhemmed as it is uneven!
>
> Her untitled mamafesta memorialising the Mosthighest has gone by many names at disjointed times. Thus we hear of, *The Augusta Angustissimost for Old Seabeastius' Salvation, Rockabill Booby in the Wave Trough, Here's to the Relicts of All Decencies, Anna Stessa's Rise to Notice, Knickle Down Duddy Gunne and Arishe Sir Cannon, My Golden One and My Selver Wedding, Amoury Treestam and Icy Siseule, Saith a Sawyer til a Strame, Ik dik dopedope et tu mihimihi, Buy Birthplate for a Bite, Which of your Hesterdays Mean Ye to Morra? Hoebegunne the Hebrewer Hit Waterman the Brayned, [...] As Tree is Quick and Stone is White So is My Washing Done by Night, First and Last Only True Account all about the Honorary Mirsu Earwicker, L.S.D., and the Snake (Nuggets!) by a Woman of the World who only can Tell Naked Truths about a Dear Man and all his Conspirators how they all Tried to Fall him Putting it all around Lucalizod about Privates Earwicker and a Pair of Sloppy Sluts plainly Showing all the Unmentionability falsely Accusing about the Raincoats.*

(FW 104-107)

Übersetzt:

> Im Namen Annahs, der Allverwirrchtigen, der Ewiglebichten, der Spenderin von Plurabilitäten, gehellicht werde ihr Avend, ihr Reigen gesunge, ihr Rinnend gieß Seen, unaufherdlich wie auch nimmerhindert.

Ihr dem Meisthöchsten ein Denkmal setzendes titelloses Mamafest war zu ungefügten Zeiten unter manniglichen Namen bekannt. So hören wir von folendem: *Das Augustasche Angustissimeist für des Alten Seebiestius Errettung, Wiegenlied-Trottel im Wellental, Ein Prosit den Relikten aller Schicklichkeiten, Anna Stessas Aufstieg zur Beachtsamkeit, Knick Nieder Duddy Duhinn und Erhüpptich Sir Cannon, Meine Goldige Eine und Meine Selberhochzeit, Amoury Tristamm und Eißige Siseule, Saget ein Sawyer til 'nem Stram, Ik dik dopingdop et tu mihimihi, Kauf Erstgeburtstort fürn Bissen, Welchen von deinen Gesthern Willst Du Morragen? Hamerfällt der Hebrauer Hieb Wassermann den Bebrägten, [...]So Flink der Baum So Weiß der Stein Uns Wacht So ist Mein Wasch Getan bei Nacht, Erster und Letzter Einziger Wahrer Bericht über alles den Ehrenbewehrten Mirsu Earwicker, L.S.D., und die Schlange (Klumpatsch!) betreffend von einem Weib von Welt welches nur die Nackte Wahrheit Erzählen kann über einen Lieben Mann und all seine Verschwörer wie sie alle Versuchten ihn zu Fällen indem sie es alles in ganz Lucalizod Herumsprachen über Untenoffzierde Earwicker und ein Paar Nasse Nutten freiweg die ganze Unaussprechlichkeit Zeigend widerrechtlich zu Beschuldigen wegen der Regenröcke.*

Anna Livias „Mamafest" wird sehr bald überblendet mit einem anderen Schriftstück (oder ist es das selbe?), nämlich dem ominösen Brief, der aus Amerika eingetroffen ist, aus Boston. Der Brief wird einerseits vom Postboten zugestellt, andererseits aber auch von einer „Erbhenne" (FW 110: „original hen") aus dem Mist gescharrt, einem Vogel, der sogleich Gegenstand von Mutmaßungen wird:

The bird in the case was Belinda of the Dorans, a more than quinquegintarian (Terziis prize with Serni medal, Cheepalizzy's Hane Exposition) and what she was scratching at the hour of klokking twelve looked for all this zogzag world like a goodishsized sheet of letterpaper originating by transhipt from Boston (Mass.) of the last of the first to Dear whom it proceded to mention Maggy well & allathome's health well only the hate turned the mild on the van Houtens and the general's elections with a lovely face of some born gentleman with a beautiful present of wedding cakes for dear thankyou Chriesty and with grand funferall of poor Father Michael don't forget unto life's & Muggy well how are you Maggy & hopes soon to hear well & must now close it with fondest to the twoinns with four crosskisses for holy paul holey comer holipoli wholly- island pee ess from (locust may eat all but this sign shall they never) affectionate largelooking tache of tch. The stain, and that a teastain (the overcautelousness of the masterbilker here, as usual, signing the page away), marked it off on the spout of the moment as a genuine relique of ancient Irish pleasant pottery of that lydialike languishing class known as a hurry-me-o'er-the-hazy.

(FW 111)

Übersetzt:

Der Vogel im fraglichen Stall war Belinda von den Dorans, eine mehr als Quinquegintarische (Terziis-Preis mit Sernimedaille, Chirpalizzys HähnenausstEllung) und was sie zur Stunde von Klokkel zwölf scharrte sah für alles in dieser zogzaggigen Welt aus wie ein gutergroßformatiges Blatt Briefpapier das per Abhüft aus Boston (Mass.) herrührte vom Ende vom Anfang bis zu Meineliebe welche es fortführ Maggy wohlauf zu erwähnen & allerdaheim Gesundheit wohlauf bloß die Hatße stellte die Milde an den van Houtens und des Landesweiten Wahlen mit einem entzückenden Gesicht irgend eines gebornen Herrn mit einem schönen Geschenk aus Hochzeitstorten für den meinlieben dankdir Chriesty und mit grandioser Beischerzjung des armen Pater Michael vergißnicht bis in des Lebens & Muggy wohlauf wie geht's dir Maggy & hofft bald wohlauf zu hören & muß es nun schließen mit herzlichsten an die Zwillinker mit vier Kreuzküssen für heilig paulig heimlig gänser holipoli Ganzliginsel pis ess von (Heuschreck mag alles essen dieses Zeichen aber sollen sie nimmer) zugetanem großaussehenden Klechs vom Tch. Der Fleck, und dieser ein trister Teefleck (die Überversuchtlichkaut des Klaumeisters hier, wie üblich, die Seite rabzeichnend), machte es augenklicklich kenntlich als echtes Reliqut antiqu Irischer Lusttöpverserei jener lyderlichen langsam- lichen Klasse, welche bekannt ist als Husch-mir-meinen-Kraulpelz.

Es werden allerlei Beobachtungen oder auch Vermutungen über diesen Brief angestellt, auch werden Andeutungen seinen Inhalt betreffend mitge- teilt. Im wesentlichen scheint es darum zu gehen, daß die Person, von der dieser Brief stammt – wohl eine amerikanische Verwandte –, diffuse Anschuldigungen gegen HCE erhebt: „Tanzereien (schweibzie) waren seine einzzuge Schwächliche. Mit Apfelhurchen." (FW 113: „Dancings (schwrites) was his only ttoo feebles. With apple harlottes.") Die Diskussion über den Brief gerät bald zu einer wissenschaftlichen Debatte über einen kunstvollen Text oder eine prächtig illuminierte Handschrift; so wird der Brief schließlich zu einer Vorlage für „die dusterliche *Tunc*-Seite des Buchs von Kells" (FW 122: „the tenebrous *Tunc* page of the Book of Kells") stilisiert, was der allgemeinen Klarheit nicht unbedingt zuträglich ist. Und wo Professoren antreten und Textzeugen diskutieren, sind folgerichtig auch die vier ältlichen Richter nicht fern, die einen Auftritt in Gestalt antiker Autoren haben: „alter Jeremusalaim, alter Eiphesuph, alter Antikochs, alter Altekaxantromm" (FW 124: „old Jeromesolem, old Huffsnuff, old Andycox, old Olecasandrum").

Finnegans Wake I.6
(FW 126-168)

Dieses Kapitel verfaßte Joyce zwischen Mai 1927 und Juni 1927; es erschien in der ersten Teilfassung unter dem Titel „Continuation of a Work in Progress" in *transition* 6 (August 1927); der Abschnitt „The Mookse and The Gripes" (FW 152-159) erschien außerdem in den Bänden *Tales Told of Shem and Shaun* (Paris: Black Sun Press 1929) und *Two Tales of Shem and Shaun* (London: Faber 1932).

Das Kapitel folgt einem Frage-Antwort-Schema, zwölf teils äußerst lange Fragen werden von zwölf bisweilen ebenso ausufernden Antworten nicht wirklich beantwortet, sondern meist eher abschweifend umschifft. Jedenfalls geht es um die wichtigsten Motive und vor allem Figuren von *Finnegans Wake*, auch um den Schauplatz im engeren (die Frage nach dem Zuhause) und etwas weiteren (die Frage nach der Stadt) Sinne. Bevor das Kapitel mit dem zwölften, kürzesten und tautologischsten Frage-Antwort-Paar schließt, wird in der überlangen elften Antwort der Bruderzwist von Shem und Shaun anhand zweier Binnenerzählungen illustriert. Zunächst ist da die Fabel von „Mauchs" und „Traufen", erkennbar angelehnt an Aesops klassiche Fabel vom Fuchs und den Trauben, vielleicht auch an diejenige vom Löwen und der Maus:

- Good appetite us, sir Mookse! Howdo you do it? cheeped the Gripes in a wherry whiggy maudelenian woice and the jackasses allwithin bawl laughed and brayed for his intentions for they knew their sly toad lowry now. I am rarumominum blessed to see you, my dear mouster. Will you not perhopes tell me everything if you are pleased, sanity? All about aulne and lithial and allsall allinall about awn and liseias? Ney?

Think of it! O miserendissimest retempter! A Gripes!

- Rats! bullowed the Mookse most telesphorously, the concionator, and the sissymusses and the zozzymusses in their robenhauses quailed to hear his tardeynois at all for you cannot wake a silken nouse out of a hoarse oar. Blast yourself and your anathomy infairioriboos! No, hang you for an animal rurale! I am superbly inmy supremest poncif! Abase you, baldyqueens! Gather behind me, satraps! Rots!

- I am till infinity obliged with you, bowed the Gripes, his whine having gone to his palpruy head. I am still always having a wish on all my extremities. By the watch, what is the time, pace?

Figure it! The pining peever! To a Mookse!

(FW 153 f.)

Übersetzt:

- Guten Appatituns, Herr Mauchs! Wie geht er dir? piepste der Traufen in einer wher whigsig maüdalleinien Whisperstimme und die Eselstöppe alle lachten in den Pötten und blökteten um seine Bezweckungen denn sie kannten nun ihren verschlagenen Kröter fluchs. Ich bin rarumominum hochgepriesen dich zu sehen, mein teurer Mouster. Willst du mir nicht vielhofft alles erzählen wenn es dir wohlergeht, Geistrichtkeit? Alles übert Aullne und Liteall und allsoall allsinallm abert Äohrn und Liseyeas? Wiehnein?

Denk daraus! Oh miesirrentissimster Redammptor! Ah ein Traufen!

- Verrattz! büllte der Mauchs höchst telesphorös, der Absichtator, und die Süssimüsse und die Zozzimösse in ihren Raubenhausien zagten sein Träggelärme tardensoichlich überhauft zu hören denn man kann aus einem Krächsöhrlschwein keinen Dianasweißten weckschreifen. Verfluchtige dich und dein anathomisches Unferioribums! Nein, hänge du für ein rurales Animal! Ich bin süperblich in meinem suprämiertsten Boncifleck! Erniedrigt euch, bardachine Köpfiginnen! Sammelt euch hinter mir, Satrappen! Verrottz!

– Ich bin mit dir bis in alle Ewigkeit verpflichtet, beugte sich der Traufen, dem sein Gewein zum bärmfühlbreiern Kopf gestiegen war. Ich halte immer noch einen Wunsch analler meiner Exzentremitäten. Übriguhrns, wie ist, die Frag magst ein mir räumen, die Zeit?

Denk dir! Der grämkiene Ärgrämer! Einem Mauchs![3]

Als zweite Binnenerzählung innerhalb der elften Antwort folgt sodann noch eine Geschichte um den Streit zwischen Burrus und Caseous, wohinter sich nicht nur die römischen Verschwörer Brutus und Cassius verbergen, sondern auch Butter und Käse – beide streiten um die Gunst ihrer Schwester (oder jedenfalls einer jungen Frau), die folgerichtig als Margarine auftritt: *„Ich schäum vor dir, Süßmargareen"* (FW 164: *„I cream for thee, Sweet Margareen")*.[4]

Finnegans Wake **I.7**
(FW 169-195)

Dieses Kapitel verfaßte Joyce zwischen Januar 1924 und September 1927; es erschien in ersten Fassungen unter dem Titel „Extract from Work in Progress" in *This Quarter* (November 1925) und unter dem Titel „Continuation of a Work in Progress" in *transition* 7 (September 1927).

Das Kapitel ist ganz der Vorstellung des ebenso liederlichen wie kreativen Bruders Shem gewidmet und wird damit zum Porträt eines Künstlers, in dessen Zeichnung auch Züge des Autors James Joyce eingegangen sind.[5]

---

[3]   Deutsche Fassung aus James Joyce, *Geschichten von Shem und Shaun / Tales Told of Shem and Shaun*, englisch und deutsch, hg. u. üb. von Friedhelm Rathjen (Berlin: Suhrkamp 2012), S. 9/11.

[4]   Eine etwas eigenwillige deutsche Komplettfassung des Kapitels I.6 von Ingeborg Horn ist enthalten in dem von Klaus Reichert und Fritz Senn herausgegebenen Band *Finnegans Wake Deutsch. Gesammelte Annäherungen* (Frankfurt a.M.: Suhrkamp 1989), S. 73-115.

[5]   Eine recht verläßliche deutsche Komplettfassung des Kapitels I.7, erstellt von einer Gruppe des Englischen Seminars Frankfurt, ist enthalten ebd., S. 132-158; diese Übersetzung wurde erarbeitet von Klaus Hofmann, Birgit König, Peter Otto, Klaus Reichert, Elisabeth Ruge, Reinhard Schäfer, Rüdi-

Finnegans Wake **I.8**
(FW 196-216)

Dieses Kapitel verfaßte Joyce zwischen Februar 1924 und Juni 1930; es erschien in ersten Teilfassungen unter dem Titel „From Work in Progress" in *Le Navire d'Argent* (Oktober 1925) und unter dem Titel „Continuation of a Work in Progress" in *transition* 8 (November 1927); eine weitgehend abgeschlossene Separatfassung erschien als Separatdruck unter dem Titel *Anna Livia Plurabelle* (New York: Cosby Gaige 1928; London: Faber 1930).

Das Kapitel, von Joyce früh als besonderes Glanzstück (und Probe seines Könnens) angelegt, stellt Anna Livia Plurabelle vor, die Personifizierung des Flusses Liffey; ihr zu Ehren hat Joyce die Namen unzähliger Flüsse in den Text eingearbeitet. Am Anfang und am Ende treten aus dem Textfluß deutlich zwei Waschfrauen hervor, die beiderseits der (anscheinend noch schmalen) Liffey sitzen und schmutzige Wäsche waschen, auch im übertragenen Sinne. Der doppelte Kreislauf des Liffey-Wassers entspricht dem Kreislauf von Aufstieg und Niedergang, der die Struktur von *Finnegans Wake* bestimmt: der Fluß beschreibt in seinem Lauf von den Wicklow-Bergen in die Irische See im weiten Bogen beinahe einen Kreis, mündet fast in Sichtweite seiner Quelle ins Meer, von wo das Wasser in Gestalt von Wolken aufsteigt und von neuem im Quellgebiet niedergehen kann.[6]

Finnegans Wake **II.1**
(FW 219-259)

Das Kapitel verfaßte Joyce zwischen Herbst 1930 und Ende 1932 und erweiterte es zwischen Februar 1933 und Januar 1938; es erschien in der

---

ger Thonius und Dirk Vanderbeke unter Mitarbeit von Sigrid Altdorf, Georgia Herlt und Rainer Schnabel.

[6] Empfehlenswerte deutsche Komplettfassungen des Kapitels von Wolfgang Hildesheimer und von Hans Wollschläger erschienen in dem Band *Anna Livia Plurabelle* (Frankfurt a.M.: Suhrkamp 1970) und sind auch wieder enthalten in *Finnegans Wake Deutsch*, a.a.O., S. 178-197 bzw. 198-219; die Fassung Wollschlägers ist am genauesten am Joyceschen Originalwortlaut orientiert.

ersten Fassung unter dem Titel „Continuation of a Work in Progress" in *transition* 22 (Februar 1933), außerdem als Separatdruck unter dem Titel *The Mime of Mick, Nick and the Maggies* (Den Haag: Servire Press 1934).

Dieses Kapitel ist das erste von Buch II, wir sind jetzt vom Götterzeitalter ins Heldenzeitalter oder aber von der Elterngeneration zur Kindergeneration gelangt. Entsprechend geht es hier zunächst um das Spiel der Kinder auf der Straße vor der väterlichen Kneipe. Shem tritt in teuflischer Gestalt als Glugg auf, Shaun gibt unter dem Namen Chuff den Engel, und Schwester Issy ist zersplittert zu 28 Mädchen, von denen sich gelegentlich jeweils vier wieder vereinigen, so daß es dann sieben Regenbogenmädchen sind. Das Kinderspiel ist anfangs gleichzeitig ein Schauspiel, aufgeführt in der zum Theater umgewandelten Kneipe:

> Every evening at lighting up o'clock sharp and until further notice in Feenichts Playhouse. (Bar and conveniences always open, Diddlem Club douncestears.) [...].*The Mime of Mick, Nick and the Maggies* [...].
>
> (FW 219)

Übersetzt:

> Jeden Abend scharf um Straßenlaternenanschalt-Uhr und bis auf Widerruf im Löhnnichts-Schauspielhaus. (Bar und Toiletten ständig geöffnet, Schwindelverein unzträn.) [...]. *Der Mimus von Mick, Nick und den Maggies* [...].

Wie anderswo in *Finnegans Wake*, tragen auch hier die einzelnen Spielelemente oft gleichzeitig ihr Gegenteil in sich; gutes und böses Prinzip sind nicht eindeutig auszumachen oder den widerstreitenden Figuren zuzuweisen:

> An argument follows.
> Chuffy was a nangel then and his soard fleshed light like likening. Fools top! Singty, sangty, meekly loose, defendy nous from prowlabouts. Make a shine on the curst. Emen.
> But the duvlin sulph was in Glugger, that lost-to-lurning. Punct. He was sbuffing and sputing, tussing like anisine, whipping his eyesoult and gnatsching his teats over the brividies from existers and the outher liubbocks of life.
>
> (FW 222)

Übersetzt:

> Eine Erörtertung folgt.
>
> Chuffy war damals ei Nengel und sein Schwirrt fleischte leicht Licht Litzblichgleich. Ob unkt! Singte, sagte, mögelieb ls, defendier nunzhier von Proletrumsteher. Mach ein Scheinechen dem Krätzers. Emen.
>
> Aber das Däuvelin schwelfst war in Glugger, so'n Wissehnsverfallner. Punct. Er sbuffelte und sputtete, tusselte wie nur Watschen, hauelte seine Äugsvollt und knitschte mit seinen Zitzen über die Krütze vom Darbseins und die undrannen Luibbücker des Lebens.

Es geht zeitweilig um eine Art Farbenraten. Glugg hat Schwierigkeiten, das Rätsel zu lösen, und die Mädchen ziehen ihn auf, „sich bei den Nachsinn fassend, [...] er mache es Frieden in seinen Hosiannen und spiele mit Imbrunst" (FW 225: „holding their noises, [...] he make peace in his preaches and play with esteem"), und umtanzen ihn im Ringelreihen, „denn sie sind ein Engelsgirland. [...] Dann reigeregts rum in Rottung." (FW 226: „for they are an angel's garland. [...] Then rompride round in rout.")

Die Mädchen sind „alle Blumen des Ankehrlsgartens." (FW 227: „all the flowers of the ancelles' garden.") Da Glugg sich zurückgewiesen sieht, besinnt er sich auf die Joyceschen Waffen Schweigen, Exil und Raffinesse: „Maul steht für'still Maxime, [...] karrbeerliche Zürichtreibung [...] handgewandte Konterbannte." (FW 228 f.: „Mum's for's maxim, [...] carberry banishment [...] handy antics.") Er wird sich um „die Bleischriftelei in der Gesättigtschafft der Arthuren" (FW 229: „scribenery with the satiety of arthurs") bemühen und einen *Ulysses* schreiben, von dessen Episoden er zwölf herzählt:

> Ukalepe. Loathers' leave. Had Days. Nemo in Patria. The Luncher Out. Skilly and Carubdish. A Wondering Wreck. From the Mermaids' Tavern. Bullyfamous. Naughtsycalves. Mother of Misery. Walpurgas Nackt.
>
> (FW 229)

Übersetzt:

> Ukalepe. Lotter läßt es. Hatt' es. Nemo in Patria. Eßt Ransgehend. Skönner und Kehrübtisch. Ein Wirrender Fetzen. Aus der Nixen-

taverne. Bullyfamos. Nettschenklada. Mutter der Misere. Walpurg
as Nackt.

Mit seinen Drohungen richtet Glugg sein Selbstvertrauen wieder her und
schnaubt einmal durch: „Er warfte seine Fäuste hoch bis an seine
Lauftscher, rollte seine poligonen Augen, schniefte aus seiner Nase und
persaunte den Blas aus heraus seiner Hornigpfeife." (FW 231: „He threwed
his fit up to his aers, rolled his poligone eyes, snivelled from his snose and
blew the guff out of his hornypipe.") Das trägt ihm gleich eine weibliche
Einladung ein, verbunden allerdings mit einem neuen Rätsel: „Hör ab, mein
Kümmerchen, und sitz in meinem Schoße nett, Pepette, wiewohl ich lieber
nicht. [...] Finde das Französüße für Fracken und übordürsitze es in
Schocken von solcher wie tollcher mit schauhin und solchem." (FW 232 f.:
„Stop up, mavrone, and sit in my lap, Pepette, though I'd much rather not.
[...] Find the frenge for frocks and translace it into shocks of such as touch
with show and show.") Auch dieses Rätsel allerdings kann Glugg nicht
lösen, also zieht er ankündigungsgemäß ins Exil: „Und er machte sich ein
Auf, ihr Ärganais, und seinen Haarken wegschleichen, Alegäre komm
Alaguere, wie ein Tschimista Inschamiesas, den der Harrikana hetzet und
heißt Füßt, zingo, zango, segut." (FW 233: „And he did a get, their
anayance, and slink his hook away, aleguere come alaguerre, like a chimista
inchamisas, whom the harricana hurries and hots foots, zingo, zango,
segur.") Bald ist Glugg allerdings wieder da, „erbebend, mit seinen
mitspeiteklegenden Augen und seiner schlämmerschlückchen Schtimme"
(FW 240: „shrivering, with his spittyful eyes and his whoozebecome
woice"), und plaudert die Sünden seiner Eltern aus – nicht nur die des
Vaters, sondern auch die „seiner höllfrischen Pfotenmutter, laotzeig,
taotzeig, Frau die's tat" (FW 242: „his fiery goosemother, laotsey taotsey,
woman who did").

Es wird Abend, die Szenerie wird düstrer: „Wir sind circumwallet von
Dunkelhalten. [...] Hexer, ist die Nacht dir behüt? [...] Dunkelnparks
Eckgurren mit saugend Lieben." (FW 244 f.: „We are circumveiloped by
obscuritads. [...] Witchman, watch of your night? [...] Darkpark's acoo with
sucking loves.") Die hereinbrechende Dunkelheit nutzen die Mädchen zu
weiteren Verlockungen, sie setzen sich selbst als Preis des zu lösenden
Rätsels aus: „Und vamp, vamp, vamp, die Mädchen marktschieren." (FW

246: „And vamp, vamp, vamp, the girls are merchand.") „Wink'st das gewinnende Wort." (FW 249: „Wink's the winning word.") Das heizt den Wettstreit der Brüder zusätzlich an, der sich zu einer Mordlust von Shakespeareschen Dimensionen aufpeitscht, so in dieser mit verzerrten Zitaten aus dessen Werk aufgeladenen Passage:

> For a burning would is come to dance inane. Glamours hath moidered's lieb and herefore Coldours must leap no more. Lack breath must leap no more.
>
> Lel lols for libelman libling his lore. Lolo Lolo liebermann you loved to be leaving Libnius. Lift your right to your Liber Lord. Link your left to your lass of liberty. Lala Lala, Leapermann, your lep's but a loop to lee.
>
> A fork of hazel o'er the field in vox the verveine virgins ode. If you cross this rood as you roamed the rand I'm blessed but you'd feel him a blasting rod. Behind, me, frees from evil smells! Perdition stinks before us.
>
> (FW 250)

Übersetzt:

> Denn ein brennamd Wollt ist angerückt zum Tanz gemain. Glimmer murrdätsch Love und hierum muß Callduhr nicht schlüpfen mehr. Weg Bris nicht schlüpfen mehr.
>
> Lell lollt für Leumderman der über Lieferung libelt. Lolo Lolo Lübermann du liebtest es Libnius zuver lassen. Lupf deine Rechte vor deinem Liberlord. Leg deine Linke an dein Lustigmädel der Libertät. Lala Lala, Lupermann, deine Lasche ist bloß 'n Lugloch nach Lee.
>
> Eine Gabel vo' Hasel überm Feld beschwürt die eisenhütigen jüngfräulichen Oden hürauf. Wenn du diese Kreuzung rüberquerst wie du am Rand rumgangst bin ich besegnet aber du würds't ihm fühlen eine verfluchende Rute. Hinterweg, mir, freihebeln von Bösengerüchen! Verdammnis stinkt vor uns.

Die Mädchen erschreckt das nun, sie „sind in solcher Transfusion nur um zu wissen zwitschen zwimmerschig Zwomeis, um du meiner Güte willen, wer artdudux ist von wersen heterotropisch" (FW 252: „are in such transfusion just to know twigst timidy twomeys, for gracious sake, who is artthoudux from whose heterotropic").

Glugg ist geschlagen: „Glaublos, klonlos hängt sein Hochmüd. Da sünden keine roten Teufel merr im Weiß seines Auges." (FW 252: „Creedless, croonless hangs his haughty. There end no moe red devil in the white of his eye.") Damit endet vorerst auch der Auftritt – oder der Aufstand – des Sohnes; die Herrschaft behält „ein isaaker jacqueminer mauromormoer Milesier" (FW 253: „an isaac jacquemin mauromormo milesian"), HCE. Das Spiel ist aus, die Kinder werden hereingerufen, und der Tag – und das Kapitel – endet mit ihrem Nachtgebet, in dem Shem und Shaun in einer weiteren Symbolpaarung erscheinen, nämlich als Baum und als Stein:

> Byfall.
> Upploud!
> The play thou schouwburgst, Game, here endeth. The curtain drops by deep request.
> Uplouderamain! [...]
> Uplouderamainagain! [...]
> Loud, hear us!
> Loud, graciously hear us! [...]
>
> Till tree from tree, tree among trees, tree over tree become stone to stone, stone between stones, stone under stone for ever.
> O Loud, hear the wee beseech of thees of each of these thy unlitten ones! Grant sleep in hour's time, O Loud!
> That they take no chill. That they do ming no merder. That they shall not gomeet madhowiatrees.
> Loud, heap miseries upon us yet entwine our arts with laughters low!
> Ha he hi ho hu.
> Mummum.
>
> (FW 257-259)

Übersetzt:

> Bye Fall.
> Abb laut!
> Das Stück, das du schauburgst, Spiel, jetzo endet. Der Vorhang fällt auf tiefes Gesuch.
> Ablauterunaufharr! [...]
> Ablauterunaufharrwiedarr! [...]
> Harrt, höre uns!

Harrt, erhöre uns! [...]

Bis Baum vom Baum, Baum unter Baum, Baum über Baum werde Stein zu Stein, Stein zwischen Steinen, Stein unter Stein für immerdar.

O Harrt, höre das wirzig von dierenzig erflehen von jedem von diesen deinen Ungelüttenen! Gewähr Schlaf zu stunderer Zeit, O Hart!

Daß die nicht Röteln kriegen sollen. Daß sie kein Merden mingen. Daß seine nicht Gehtzubruch begegnen wollen.

Harrt, lad Mistlad auf uns doch mache Künste beherzend einige Scherze lachten!

Ha he hi ho hu.

Stummum.

Finnegans Wake **II.2**
(FW 260-308)

Dieses Kapitel verfaßte und überarbeitete Joyce in größeren Abständen zwischen Oktober 1923 und 1934 und erweiterte es nochmals im Februar 1938; der Abschnitt FW 282-304 erschien in ersten Fassungen unter dem Titel „Continuation of a Work in Progress" in *transition* 11 (Februar 1928) und unter dem Titel „The Muddest Thick That Was Ever Heard Dump" in dem Band *Tales Told of Shem and Shaun* (Paris: Black Sun Press 1929); die zusammengezogenen Abschnitte FW 260-275 und FW 304-308 erschienen in ersten Fassungen unter dem Titel „Work in Progress" in *transition* 23 (Juli 1935) und als Separatdruck unter dem Titel *Storiella as She is Syung* (London: Corvinus Press 1938).

Dieses zweite Kinderkapitel ist als Darstellung einer Schularbeit oder Hausaufgabe und gleichzeitig einer wissenschaftlichen Arbeit angelegt. Die Hauptspalte repräsentiert die Aufgabe, mit der die Schüler sich abmühen; die Zwillinge Shem und Shaun (hier Dolph und Kev genannt) bringen links und rechts Randkommentare an, ihre Schwester trägt Fußnoten bei. Die Kommentare von Shem und Shaun sind gut daran zu unterscheiden, daß zunächst links eher flapsige, rechts eher wissenschaftlich-pompöse Marginalien stehen; in der Mitte des Kapitels – wo im Rahmen einer geometrischen Problemstellung ein Dreieck konstruiert wird, das Auskunft über die Frage geben soll, woher die Kinder kommen – tauschen Shem und

Shaun dann die Seiten. Als schulischer oder wissenschaftlicher Lehrtext überträgt das Kapitel die Themen und Motive des Buches in verschiedene Unterrichtsfächer und Wissensdisziplinen. Alle möglichen Details werden pädagogisch-didaktisch erläutert – der Terminus „brandnewburgher" (zu übersetzen als „Brandneuburger") beispielsweise wird erklärt als

> A viking vernacular expression still used in the Summerhill district for a jerryhatted man of forty who puts two fingers into his boiling soupplate and licks them in turn to find out if there is enough mushroom catsup in the mutton broth.
>
> (FW 265)

Übersetzt:

> Ein noch heute im Summerhill-Distrikt benutzter mundartlicher Wikingerausdruck für einen bibitragenden Mann von vierzig der zwei Finger in seinen kochenden Suppenteller tunkt und sie ableckt um herauszufinden ob da Pilzketchup genug in der Hammelbrühe ist.

Präsent ist natürlich auch der Zyklus von Fall und Wiedererwachen, der gleichzeitig ein Zyklus von Kleinsein und Größerwerden ist: „Tomley. Der erwachsende Mann. Ein Schlachter szewcpfte ihm Bloß und Bannklatter. Tut mir chorichtig leidend. P. Sturor zuer blicken." (FW 265: „Tomley. The grown man. A butcher szewched him the bloughs and braches. I'm chory to see P. Shuter.") Im „Dust der Mythelierten" (FW 266: „the murk of the mythelated") verliert sich „die Klarrianz des Kindlichtes im Studioriaum treppauaf" (FW 266: „the clarience of the childlight in the studiorium upsturts"), an „Altgrummeldummwänden" (FW 273: „By old Grumbledum's walls") zeichnet sich der Schatten der sagenhaften anderen Welt und ihres sagenhaften Helden ab: „eine Welt bergend an einer andern, [...] Standfest, unser topiokischer Sagonheld, oder irgendein onthurer Macottherr, voll glich auf des Bauchegütts Bastillberücken" (FW 275: „one world burrowing on another, [...] Standfest, our topiocal sagon hero, or any otther macotther, signs is on the bellyguds bastille back"). Die „DRÄNGE UND WIDERDRÄNGE" (FW 267: „URGES AND WIDERURGES") der Zwillinge gelten der „JAGD AUF DIE PANHYSTERISCHE FRAU" (FW 266: „PURSUIT OF PANHYSTERIC WOMAN"), auf ein Mädchen, das „mit ihrem Tutbittepö von Jemenfichue auf einem Solfasofa sitzen und stricksen wird" (FW 268: „with her tootpettypout of jemenfichue will sit and knit on solfa sofa"). Ins Feld geführt werden „FRÜHE AUFFASSUNGEN ERWORBENER RECHTE" (FW 268: „EARLY NOTIONS OF ACQUIRED RIGHTS"), als Fürsprecher aufgeboten „die Ehrenwerten Irischen Notleidenden Damen und die Fröhlichen Pfundskerl-Schaumschläger der Humphreystown-Vereinigungen" (FW 270: „the Respectable Irish Distressed Ladies and the Merry Mustard Frothblowers of Humphreystown Associations"), doch es kommt zur „Verlierung des Bolkes von dem Pulke für das Gwolke" (FW 275: „Impovernment of the booble by the bauble for the bubble"), und es springt nicht mehr heraus als ein erfolgloser Appell: „Bitte hör auf falls du ein B.C. echtes Fräuleinchen bist, bitte tu's. Doch solltest du A.D. vorziehen blabbitte." (FW 272: „Please stop if you're a B.C. minding missy, please do. But should you prefer A.D. stepplease.") Die Angebetete ist nicht überzeugt, wie ihre Fußnoten andeuten: „Laß mich erröten wenn ich an all diese halbverstrackten Pullievaber denke." (FW 268: „Let me blush to think of all those halfwayhoist pullovers.") „Pipette. Ich kann die Süße beinahe auf meine Flüstlippen füttern." (FW 276: „Pipette. I can almost feed their sweetness at my lisplips.") Vieles bleibt im Dunkeln, auch die Relevanz jener seltsamen Geschöpfe, die ihren Schlaf an der Decke hängend überkopf schlafen, ohne herabzufallen:

> Aught darks flou a duskness. Bats that? There peepeestrilling. At Brannan's on the moor. At Tam Fanagan's weak yat his still's going strang. And still here is noctules and can tell things acommon on by that fluffy feeling.
>
> (FW 276)

Übersetzung:

> Irgendwas Dunkels fleug ne Duskeit. Fleder maust? Da pipistrullend. Bei Brannans auf dem Moor. Bei Tam Fanagans Weicht dach erst imnocht stak am wergen. Und immernoch gibt's hier Noctulen und können uns Dinge erzählen wo wollkommen mit jenem fussligen Fühlen.

So bleibt nur die Flucht in die Abstraktion der Wissenschaften und der Dank für die erhaltene interdisziplinäre Unterweisung: „Schunden Dank, Puinktkarrweg! [...] Ich sehe Richtgebocknen rund mich rum. [...] Bei Sachso Chromaticus, du tats das prima für mich!" (FW 304: „Thanks eversore much, Pointcarried! [...] I'm seeing rayingbogeys rings round me. [...] By Saxon Chromaticus, you done that lovely for me!")

Das Hausaufgabenkapitel endet wie das vorherige mit dem Einbruch der Nacht, die sich schon lange zuvor mit der Fledermausstunde angekündigt hat. Nach der Bewältigung letzter Wissensaufgaben und Sinnsprüche werden alle an- oder durchgezählt und zum Nachtmahl gebeten:

> Compare the Fistic Styles of Jimmy Wilde and Jack Sharkey, [...] If You Do It Do It Now. Delays are Dangerous. Vitavite! Gobble Anne: tea's set, see's eneugh! Mox soonly will be in a split second per the chancellory of his exticker.
> Aun
> Do
> Tri
> Car
> Cush
> Shay
> Shockt
> Ockt
> Ni
> Geg
> Their feed begins.

(FW 307 f.)

Übersetzt:

> Vergleiche die Faustkampfstile von Jimmy Wilde und Jack Sharkey. [...] Wenn du's tust tu's jetzt. Aufschub birgt Gefahr. Vitavite! Göbel Anne: Teeset, sieh's enöch! Mox sonbald wird im Bruchteil einer Sekunda sein via den Schätzkannzellor seines Uhrteils.
> Aun
> Do
> Tri
> Karr
> Kusch
> Schee
> Schockt
> Ockt

Ni
Geg
Ihre Fütterung beginnt.

An dieser Stelle im Text schließt sich noch ein „Nachtbrief" an. Dieser ist in *Finnegans Wake* dergestalt in die letzte Seite des Kapitels eingebaut, daß er zwischen dem Ende des Fließtextes und zwei mit Kritzeleien versehenen Fußnoten steht und auch noch von den Randspalten eingerahmt wird; in der Vorveröffentlichung *Storiella as She is Syung* steht der Brief hingegen noch auf einer separaten Seite – ursprünglich wollte Joyce ihn auf einer eigenen Seite genau im Zentrum von *Finnegans Wake* freistellen. Sein Wortlaut:

NIGHTLETTER

With our best youlldied greedings to Pep and Memmy and the old folkers below and beyant, wishing them all very merry Incarnations in this land of the livvey and plenty of preprosperousness through their coming new yonks

from
jake, jack and little sousoucie
(the babes that mean too)

(FW 308)

Übersetzt:

NACHTBRIEF

Mit unseren besten Adieuwärtsgrößen an Peppe und Memmy und alle Altgehörigen zuhüber und darunter, wünschen ihnen allen sehrsehr fröhliche Inkarnationen in diesem Land der Livveydennn und vieleviele Wohlstandfestigkeiten durch ihrsda kommenden neuen Jankse

von
jake, jack und lütt sousoucie
(die Schnuckelchen ebenso gemeint)

Finnegans Wake **II.3**
(FW 309-382)

Von diesem Kapitel verfaßte Joyce den Abschnitt „King Roderick O'Connor" (FW 380-382) in einer ersten Fassung im März 1923, den Rest zwischen Sommer 1936 und Sommer 1938; der Abschnitt FW 309-331 erschien unter dem Titel „Work in Progress" in *transition* 26 (Mai 1937), der Abschnitt FW 338-355 unter dem Titel „Fragment from Work in Progress" in *transition* 27 (May 1938), der Rest erst in der Buchpublikation von *Finnegans Wake* im Mai 1939.

Dieses Kapitel spielt im Schankraum der Kneipe, wo mehrere Geschichten von den Gästen erzählt oder im Radio gehört oder in einem Vorläufer des Fernsehens gesehen werden. Die erste Geschichte handelt von einem „Norweegers Kaperdehn" (FW 311: „Norweeger's capstan"), der einen Untergebenen, den „Mann fürs Schiff" (FW 311: „the ship's husband"), zu einer Besorgung ausschickt, bei der es Probleme gibt. Der Mann fürs Schiff ist ein Skandinavier, in Momenten des Frusts flucht er entsprechend wie der Donnergott Thor und macht das „Zeichen des Hammers":

> He made the sign of the hammer. God's drought, he sayd, after a few daze, thinking of all those bliakings, how leif pauses! Here you are back on your hawkins, from Blasil the Brast to our povotogesus portocall, the furt on the turn of the hurdies, slave to trade, vassal of spices and a dragon-the-market, and be turbot, lurch a stripe, as were you soused methought out of the mackerel. Eldsfells! sayd he. A kumpavin on iceslant! Here's open handlegs for one old faulker from the hame folk here in you's booth!
>
> (FW 316)

Übersetzt:

> Er machte das Zeichen des Hammers. Gottes Dürrhaftigkrallt, sprichtete er, nach ein paar Darbgen, an all jene Bliakönge denkend, wie das Leifpen vornübersteht! Hier bist du wieder in deinem Hawkin, von Blasil dem Bregnichten an unser povotogesusses Portokrall, die Fort an der statt der Hördies, Sklav des Handels, Bötel der Würzen und ein Lederechsenpfeil-Markt, und sei Steinbutt, schlingersten Streifen, als wärst du vollgelaufen mirschien aus

lauter Makrelerei. Öllternfölltern! sprichtete er. Ein Kumpelhavon
ihm auf Eißlangt! Hier hast offne Handlängs für einen alten Vollkerl
vom hauselbem Stammel hier in deinsein Bud!

Donnern geschieht in *Finnegans Wake* periodisch in Gestalt von Hundert-
buchstabenwörtern, und ein solches beschließt die Episode schließlich:
„Pappappapparrassannuaragheallachnatullaghmonganmacmacmacwhäck-
fälltiherdebbelnaufndubblundaddygedudel" (FW 332: „Pappappapparras-
sannuaragheallachnatullaghmonganmacmacmacwhackfalltherdebblenon-
thedubblandaddydoodled"). Die Kneipengäste stört das aber nicht weiter,
sie sind eigentlich nur an der Tochter des „Mannes fürs Schiff" (der mit
HCE überblendet wird) interessiert, die sich offenbar in den Kapitän
verliebt hat: „Es gab keine Erdnasse in ihrer Famalgia also kein Wundsel
daß sie reinpurzelte auf seine famasen könnerglichen Schreitunken." (FW
314 f.: „There were no peanats in her famalgia so no wumble she tumbled
for his famas roalls davors.") „Vogelflüge bekräftigen zuvorstehende
Hochzueit." (FW 324 f.: „Birdflights confirm abbroaching nubtials.") Der
Kapitän steigt aus der Geschichte heraus und taucht leibhaftig in der Kneipe
auf, wo er begrüßt wird: „Peiwei toptip, Nankingbangklarer. Gibt Feinmag-
tag. Schiebzigarr. Cheevio!" (FW 321: „Peiwei toptip, nankeen pontde-
lounges. Gives fair day. Cheroot. Cheevio!") „Und, haikon oder hörlen, was
machtest du beim Doyle dennhoyt, mein Hürdenpfürdengürtelman." (FW
322: „And, haikon or hurlin, who did you do at doyle today, my horsey
dorksey gentryman.") Die anfänglichen Freundlichkeiten schlagen dann um
in fremdenfeindliche Ausfälle gegen „den sehrräuderischen Wanderteckeln
[...], den kotzhaarigen Sehgewiesagtelagterer [...], den bloedaxtigen blut-
schwurxigen Baltxebec, der in unsere kaunabelig ängelutschte Märrede
einkreucht durch das Lumbusmal seines Ankerschlauchs" (FW 323: „the
bugganeering wanderducken, [...] the coarsehair highsaydighsayman, [...]
the bloedaxe bloodooth baltxebec, that is crupping into our raw lenguage
navel through the lumbsmall of his hawsehole") – die Gäste wenden sich
unübersehbar gegen HCE selbst, der festgesetzt und in eine domestizierende
Zwangsehe gedrängt wird: „Gefarrfangen. Eingespurrsperrt." (FW 329:
„Cawcaught. Coocaged.") „Er herd ein Gbertt. Und sie harrt eine Kocherei.
Und wellse ginste Mundtum herrtzen ehegemäliegt." (FW 330: „He goat a
berth. And she cot a manege. And wohl's gorse mundom ganna wedst.")

Und „seine Hörschifft wurde umgewandelt in eine Hartschuft" (FW 332: „his loudship was converted to a landshop"). Die Kneipengäste wünschen, HCE möge zu ALP ins Bett steigen, wenn er „whunschtvoll ist ihren Caudal zu licktorieren" (FW 333: „if he was whishtful to licture her caudal").

An dieser Stelle gibt es eine „Enterbrechung. Scheck oder schlag weg Kirsche. Dverschon." (FW 332: „Enterruption. Check or slowback. Dvershen.") Aus der Aufforderung der Kneipengänger an HCE werden plastisch ausgemalte Phantasien:

> Simply. As says the mug in the middle, nay brian nay noel, ney billy ney boney. Imagine twee cweamy wosen. Suppwose you get a beautiful thought and cull them sylvias sub silence. Then inmaggin a stotterer. Suppoutre him to been one biggermaster Omnibil. Then lustily (tutu the font and tritt on the bokswoods like gay feeters's dance) immengine up to three longly lurking lobstarts. Fair instents the Will Woolsley Wellaslayers. Pet her, pink him, play pranks with them. She will nod amproperly smile. He may seem to appraisiate it. They are as piractical jukersmen sure to paltipsypote. Feel the wollies drippeling out of your fingathumbs. Says to youssilves (floweers have ears, heahear!) solowly: So these ease Budlim! How do, dainty daulimbs? So peached to pick on you in this way, prue and simple, pritt and spry! Heyday too, Malster Faunagon, and hopes your hahititahiti licks the mankey nuts!
>
> (FW 337)

Übersetzt:

> Ganz einfach. Wie der Muffkopp inner Mitte sagt, nee brian nee noel, nee billy ney boney. Denk dir twei twahnige Wosen. Stwell dir vor du kriegst einen schönen Gedanken und nähmst sie Sylvias sub Silentium. Dann drindenngdir 'nen Stottrerer. Schwell ihn dir vor als gehabt einen Bauchermeisten Omnibil. Dann lustvöllig (tutu nach font und tramp auf den Hinthörnwäldler wie lustig Füßers Tanz) tank dir bis zu drei hingehaltend hinterhälternde Hummherrn. Summ Beistehends die Will Wollsley Wellerschlägers. Spreichel sie, spindel sie, spiel Possen mit ihnen. Sie wird nickt unwandständlicherweise lächeln. Es mag scheinen, daß er's anverkennt. Als Piratschköppe und Schurzbolde werden sie mit Sickerheit michmatten wollen. Fühl wie die Socken dir von den Fingerschürzen trüpfeln. Sagst dirsilbst (Blümende haben Öhren, höhör!) langern-

sam: Sie also sinnend Tollblin-Haus! Wenn denn so, schönste Schmätzchend? So äpfreut dieserwegs auf euch zu stößeln, trein und einfach, frein und flink! Schönebüsch Ihren ung, Malster Faunagon, und hopfs Ihre Hahititahiti mag die Schlaffennüsse lecken!

Die solchermaßen unterbrochene erste Geschichte ist also passé, es folgt eine zweite, basierend auf einer Anekdote vom irischen Soldaten Buckley, der im Krimkrieg einen russischen General zunächst nicht erschießen mag, als der mit heruntergelassenen Hosen vor ihm hockt – als der General sich aber mit einem Stück Torf abwischt, verbucht Buckley das als Affront gegen Irland und drückt ab. „Wie Burghley den rauschmischen Germanon entschote." (FW 338: „How Burghley shuck the rackushant Germanon.") „Allso bis Biederwenn buttlich thon erstehenden Germinal erschießt laß bottlich das Fätt seines Ärgers schkauren und bittlich byesehn das Mühchen seiner Tubbe." (FW 354: „So till butagain budly shoots thon rising germinal let bodley chow the fatt of his anger and badley bide the toil of his tubb.") Die Anekdote kulminiert in einer Gewaltexplosion, die fast wie ein (zu Zeiten von Joyce allerdings noch unbekannter) Atomschlag daherkommt:

> At that instullt to Igorladns! Prronto! I gave one dobblenotch and I ups with my crozzier. Mirrdo! With my how on armer and hits leg an arrow cockshock rockrogn. Sparro!
>
> [*The abnihilisation of the etym by the grisning of the grosning of the grinder of the grunder of the first lord of hurtreford expolodotonates through Parsuralia with an ivanmorinthorrorumble fragoromboassity amidwhiches general uttermosts confussion are perceivable moletons skaping with mulicules which coventry plumpkins fairlygosmotherthemselves in the Landaunelegants of Pinkadindy. Similar scenatas are projectilised from Hullulullu, Bawlawayo, empyreal Raum and mordern Atems. They were precisely the twelves of clocks, noon minutes, none seconds. At someseat of Oldanelang's Konguerrig, by dawnybreak in Aira.*]

(FW 353)

Übersetzt:

Bei dieser Schmähkund gegen Igorladend! Prronto! Versetzte ich einen Dobbelnotsch und ich hoch mit meiner Ambrumm stapp. Mirrdo! Mit meim Pfahl an d' wogleich und schmißt Wehbein Pfeil kockschock Ragrucken. Schpattscho!

> *[Die Abnihilisation des Ätöms durch das Grizzeln des Grozzelns des Grinders des Grunders des ersten Lords von Herdelforts expolodotoniert durch Parsuralia mit einer ivanmorinbethorrorümpelnden Fragetösrompazzität inmittwelcherner genereller äußersterer Konfussion Moletonnen wahrnehmbar werden welche mit Mulikülen twischen die internweltische Langeierer guteverschmierselbern in den Landaunerkürbschen von Pinkadindien. Ähnliche Szenatön werden projektilisiert aus Hüllülüllü, Bollerwayo, dem empyrealen Raum und dem mordern Atöm. Diese sind genau die zwölfen der Uhrstund, mittagne Minuten, mittohne Sekunden. Bei so'm Rundgang von Ranzdänlachigem Könguerrig, bei Morgenbruch in Aira.]*

Die Episode wird durch die „samurachischten Zwielingte" (FW 354: „samuraised twimbs") erzählt oder aufgeführt, die sich hier Butt und Tuff nennen, und so vermengt sich der Bruderzwist mit Anspielungen auf den Krimkrieg:

> And that is at most redoubtedly an overthrew of each and ilkermann of us, I persuade myself, before Gow, gentlemen, so true as this are my kopfinpot astrode on these is my boardsoldereds.
>
> (FW 356)

Übersetzt:

> Und das ist äußerst undverzweifelthaft ein Niedergestürzt von inkerwem und jedermann von uns, überzeuge ich mich, vor Kodder, meine Herren, so wahr wie dies sind mein Kopfinpott rutschlinks auf diesen ist meinen Bürgtenschuldtern.

Beide Seiten fühlen sich „Misswernstanten" (FW 363: „Missaunderstaid"); „mein Handtellergebreitling gab ganz einen Petersilgeschößling, den lockigsten wittigen alten Ozean lecket herum" (FW 365: „my palmspread was gav to a parsleysprig, the curliest weedeen old ocean coils around"); es erfolgt „der Durchkreuzer der Kreuzfideligkeiten und der Jangsderrüpfer aller Jokolarinen" (FW 361: „the marrer of mirth and the jangtherapper of all jocolarinas").

Dem Vater und Wirt HCE setzt der Streit zu:

> the lilliths oft I feldt, and, when booboob brutals and cautiouses only aims at the oggog hogs in the humand, [...] thit thides or marse makes a good dayle to be shattat. Fall stuff.
>
> (FW 366)

Übersetzt:

> die Lilieten oft ich fieldte, und, wenn bruschbratschige Brutalos und Garstigusse nur auf die irkfricken Ferkeln im Humanden zielen, [...] ditt Diden oders Märsen macht nem guten Taigl aus um beschlottzend zu werden. Fall stoff.

Plötzlich steht er wieder im Mittelpunkt und wird von den „vier Soalten" (FW 372: „for eolders") verhört. „Und so im heimlichen Tavernentrug Die Weißgeheißten kostend ihren Zug Versetzen wie der G'rechte sie geheißt Ihren quaramen Schlag dem Wahrheitskrug." (FW 368: „And thus within the tavern's secret booth The wisehight ones who sip the tested sooth Bestir them as the Just has bid to jab The punch of quaram on the mug of truth.") Thema sind erneut die in Umlauf befindlichen Gerüchte: „Sie hatten gehört oder hatten sagen gehört oder hatten geschrieben sagen gehört." (FW 369: „They had heard or had heard said or had heard said written.") Die Rollen verwirren sich, potentiell sind alle Schuldige: „Ihr wart von euernselbst im selben Boote auch, Gehtsobottoff oder Draumpfreiderein" (FW 370: „You were in the same boat of yourselves too, Getobodoff or Treamplasurin") – da alle im selben Boot sitzen, kehrt der Windjammerton der Eingangsszenen zurück. HCE schwankt, vielleicht vom Seegang, vielleicht auch von dem, was er sich am Ende gönnt, nämlich den Resten des Kneipengelages: „wasimmer an überschüssigem Zuselfeugs, kumma viel, zurückgelassen wurde von den faulen Läusigen von Malzrittern und Bierknausern" (FW 381: „whatever surplus rotgut, sorra much, was left by the lazy lousers of maltknights and beerchurls"). HCE ruft zur Sperrstunde: „Tids, Mannharren, böte" (FW 371: „Tids, genmen, plays"). Er begibt sich zu Bett: „Für einen fleckchensprosselten frischgewangeten süßwortigen Lupfcoucher." (FW 376: „For a frecklesome freshcheeky sweetworded lupsqueezer.")

Während er einschläft, gehen ihm verquere und schuldige Phantasien durch den Kopf: „Eine Ehefrau zu zeugen die seine Nichte vorde indem er ihre Jungdingel in Hautenkel goß." (FW 373: „Begetting a wife which begame his niece by pouring her youngthings into skintighs.") „Man kann keine Limousinendame aus einem Hillmannminx machen." (FW 376: „You cannot make a limousine lady out of a hillman minx.") Und so wie er in den Schlaf davonsegelt, entgleitet mit den letzten Zeilen des Kapitels schließlich auch das Schiff des Norwegers wieder:

> So sailed the stout ship *Nansy Hans*. From Liff away. For Nattenlaender. As who has come returns. Farvel, farerne! Goodbark, goodbye!
> Now follow we out by Starloe!
>
> (FW 382)

Übersetzt:

> So säigelte das Starkschiff *Nänsy Häns*. Von Liff hinweg. Gen Nattenlaender. Da wer gekommen wiederkehrt. Farvel, Farerne. Gute Bark, gute Fahrt!
> Nun folgen wir rauf bei Sternlow!

***Finnegans Wake* II.4**
(FW 383-399)

Dieses Kapitel verfaßte Joyce zwischen Juli 1923 und März 1934 und erweiterte es im August 1938; es erschien als erste Teilveröffentlichung aus *Finnegans Wake* in der ersten Fassung unter dem redaktionellen Titel „Work in Progress" in der *Transatlantic Review* I.4 (April 1924).

Das Kapitel bebildert die immer noch nautisch unterfütterten Phantasien des schlafenden HCE mit dem Stoff von Tristan und Isolde:

> Overhoved, shrillgleescreaming. That song sang seaswans. The winging ones. Seahawk, seagull, curlew and plover, kestrel and capercallzie. All the birds of the sea they trolled out rightbold when they smacked the big kuss of Trustan with Usolde.
> And there they were too, when it was dark, whilest the wildcaps was circling, as slow their ship, the winds aslight, upborne the fates, the wardorse moved, by courtesy of Mr Deaubaleau Downbellow

Kaempersally, listening in, as hard as they could, in Dubbeldorp, the donker, by the tourneyold of the wattarfalls, with their vuoxens and they kemin in so hattajocky (only a quartebuck askull for the last acts) to the solans and the sycamores and the wild geese and the gannets and the migratories and the mistlethrushes and the auspices and all the birds of the rockbysuckerassousyoceanal sea, all four of them, all sighing and sobbing, and listening. Moykle ahoykling!

(FW 383 f.)

Übersetzung:

Hochoverhoven, schrillfreudkreischend. Der Gesang sang seeschwänts. Die Fliegeflügelten. Seegreif, Seemöwe, Brachvogel und Regenpfeifher, Turmfalke und Auerhohn. Alle Vögel des Meeres sie trollerten es geradekecks heraus als sie den großen Keuß von Treustan und Eusollde schmeckzten.

Und da waren auch sie, als es dunkel war, währendest die Feinkäppche kreiste, so langsam ihr Schiff, die Winde entschwach, aufrecht die Schickseelen, die Wüstdors schwebten, mit freundlicher Genehmigung von Mr. Deaubeleau Druntbellunt Kaemperschnelly, gespannt lauschend, so schwer sie nur konnten, in Radebroek, dem Donker, nah dem Tornieroh der Wattarfälle, mit ihren Vuochsen und sie so hattajokius allberallrein kemind (nur ein Viertelbock prokopp bei den letzten Apossengeschichten) den Alken und den Sykomoren und den Wildgänsen und den Tölpeln und den Fortziehenden und den Misteldrosseln und den Auspizien und allen Vögeln der felsbaldsoggerpaukalspülenden See, sie alle vier, alle seufzend und schluchzend, und lauschend. Moykel ahoyste!

HCE wird zu König Marke, dem die junge Frau mit ihrem feurigen Liebhaber weggelaufen ist. Die vier alten Männer werden zu den Aposteln Matthäus, Markus, Lukas und Johannes (zusammen: „Mamalujo"), gleichzeitig jedoch auch zu vier Spannern, die das Liebespaar lüstern beobachten:

They were the big four, the four maaster waves of Erin, all listening, four. There was old Matt Gregory and then besides old Matt there was old Marcus Lyons, the four waves, and oftentimes they used to be saying grace together, right enough, bausnabeatha, in Miracle Squeer: here now we are the four of us: old Matt Gregory and old

Marcus and old Luke Tarpey: the four of us and sure, thank God, there are no more of us: and, sure now, you wouldn't go and forget and leave out the other fellow and old Johnny MacDougall: the four of us and no more of us and so now pass the fish for Christ sake, Amen: the way they used to be saying their grace before fish, repeating itself, after the interims of Augusburgh for auld lang syne. And so there they were, with their palms in their hands, like the pulchrum's proculs, spraining their ears, luistening and listening to the oceans of kissening [...].

(FW 384)

Übersetzt:

Sie waren die großen vier, die vier Maasterwellen von Erin, all lauschend, vier. Da war der alte Matt Gregory und dann neben dem alten Matt war da der alte Marcus Lyons, die vier Wellen, und zu Oftmalszeiten pflegten sie gemeinsam das Tischgebet zu sprechen, durchaus recht, bausnabeatha, im Mirakelsqueerree: hier sind wir nun wir alle vier: der alte Matt Gregory und der alte Marcus und der alte Luke Tarpey: wir alle vier und klar, Gott sei Dank, nur vier sind wir: und, nun klar, du würdst nicht hingehn und vergessen und auslassen den andern Kerl und den alten Johnny MacDougall: wir alle vier und nur vier sind wir und jetzt servier den Fisch um Christi willen, Amen: die Weise wie sie ihr Tischgebet zu sprechen pflegten vor dem Fisch, sich wiederholend, nach den Augusburgher Interims für eine gute alte Zeit. Und so waren sie da, Palm in der flachen Hand, wie des Pulchrums Proculß, ihre Ohren überanrenkend, fluisterend und lauschend den Meeren von Küßtendem [...].

Das, was sie da sehen, kommentieren die vier Alten ausführlich, teilweise in Ausdrücken aus dem Sport:

For it was then a pretty thing happened of pure diversion mayhap, when his flattering hend, at the justright moment, like perchance some cook of corage might clip the lad on a poot of porage handshut his duckhouse, the vivid girl, deaf with love, (ah sure, you know her, our angel being, one of romance's fadeless wonderwomen, and, sure now, we all know you dote on her even unto date!) with a queeleetlecree of joysis crisis she renulited their disunited, with ripy lepes to ropy lopes (the dear o'dears!) and the golden importunity of

aloofer's leavetime, when, as quick, is greased pigskin, Amoricas
Champius, with one aragan throust, druve the massive of viril-
vigtoury flshpst the both lines of forwards (Eburnea's down, boys!)
rightjingbangshot into the goal of her gullet.
  Alris!

(FW 395 f.)

Übersetzt:

Denn dann war's eine feine Sache passierte aus reiner Zerstreuung
möglicherweise, als seine flitternde Hahnd, im geradrechten
Augenblick, wie vielleicht irgendein Koch von Tapfermütse den
Dackel auf einem Poot voll Hapfergrütse kleppen Handschein
Duckenheim schließen mag, das lebhafte Mädchen, taub vor Liebe,
(ah sicher, ihr kennt sie, unser Engelsgeschöpf, eines der unver-
gänglichen Wunderweiber der Romantik, und, nun sicher, wir
wissen alle vernarrt in sie seid ihr sogar bis in den Tagl) mit einem
Greinkleineischrei von joychzis Krisis wiederneureinigte sie ihre
Unvereinigten, mit reifen Lepen an ruten Lupfen (die Liebst' der
Lieben!) und die günstige Belästgenheit im Gehen eines Bliebab-
wärts, als, so schnell, wird geschmiertes Schweinsleder, Amorikas
Champius, mit einem erruckanten Sturchß, die Breitschaft vom
Manhauftunsieg flttdrch die beiden Reihen von Stürmern (Eburnea
fällt, Jungs!) gradklingbumsschoß in das Tor ihrer Gurgel trüb.
  Aristig so!

Am Ende scheint sich HCE komplett der Lethargie des Schlafs zu ergeben:

Hear, O hear, Iseult la belle! Tristan, sad hero, hear! The Lambeg
drum, the Lombog reed, the Lumbag fiferer, the Limibig brazenaze.
[...]

Mattheehew, Markeehew, Lukeehew, Johnheehewheehew!
Haw!
And still a light moves long the river. And stiller the mermen ply
    their keg.
Its pith is full. The way is free. Their lot is cast.
So, to john for a john, johnajeams, led it be!

(FW 398 f.)

Übersetzt:

Hör, O hör, Iseult la belle! Tristan, trauriger Held, hör! Die Lambegtrommel, das Lembruchrohr, der Lumppackpfeifünfer, der Leimibiegbratschenarsch.

Mattiehäh, Markiehäh, Lukiehäh, Johiehähiehäh!
Hah!
Und immer noch schiebt ein Licht still den Fluß entlang. Und
nocher still hantieren die Wassermänner mit ihrem Fäßchen.
Sein Mark. ist voll. Der Weg ist frei. Ihr Los gezogen.
Drum, zuhansen fürs Zuhause, Hansderhäumer, las es sein!

Finnegans Wake III.1
(FW 403-428)

Dieses Kapitel verfaßte Joyce zwischen März 1924 und März 1928 und erweiterte es in den Jahren 1933-36; es erschien in der ersten Fassung unter dem Titel „Continuation of a Work in Progress" in *transition* 12 (März 1928), der Abschnitt FW 414-419 außerdem unter dem Titel „The Ondt and the Gracehoper" in den Bänden *Tales Told of Shem and Shaun* (Paris: Black Sun Press 1929) und *Two Tales of Shem and Shaun* (London: Faber 1932).

Dies ist das erste von drei aufeinanderfolgenden Kapiteln, in deren Mittelpunkt der ordentlichere der beiden Zwillingsbrüder steht: Shaun, „gekleidet wie ein Graf in gerade der korrekten Mode", nämlich in ein „sternenbannernes Zephyrtrikot mit einer [...] Schlänglitüttelvorderseite" (FW 404: „dressed like an earl in just the correct wear [...] a starspangled zephyr with a [...] crinklydoodle front"), scheint nun, da HCE schläft, die Rolle des Stammhalters zu beanspruchen, was bedeutet, daß er sich gegen seinen Bruder behaupten muß. Berichtet wird uns das nicht durch „die konkordanten Weisköpfe" (FW 405: „the concordant wiseheads"), sondern von deren Esel. In einer Art Wahlversammlung erhebt sich „die Stimman Shauns, Stimmfang der Iren" (FW 407: „the voce of Shaun, vote of the Irish"). Gestärkt durch „seine dreipartite Hauptpranzeiten plus eine Kollation" (FW 405: „his threepartite pranzipal meals plus a collation"), die „Hälfte eines Pintes Schincken mit neugelten Gaggaien und einem Segment Reiselbirgpflaumding" (FW 405: „the half of a pint of becon with newled googs and a segment of riceplummy padding") und ein „Paar Koteletts und reingeklotzt vom silbern Gitter [...] und Gauluschsoße und Pumpernickel zum Aufwolpen und eines Völlerers knollige Zwiebel [...] Und das Beste vom Wein *avec*" (FW 407: „a pair of chops and thrown in from the silver grid [...] and gaulusch gravy and pumpernickel to wolp up and a gorger's bulby onion [...] And the best of wine *avec*"), stellt der eher freß- als trinksüchtige Shaun sich der Befragung durch die Öffentlichkeit, auch wenn das Mahl ihn eigentlich ein wenig schläfrig gemacht hat: „Allo, alaß, aladdin, amobus!" (FW 407: „Alo, alass, aladdin, amobus!") Anfangs gibt er noch vor, seinem Bruder wohlgesinnt zu sein, „denn er ist der Kopf und ich bin ein stets-ergebender Freind von ihm" (FW 407: „for he's the head and I'm an everdevoting fiend of his"). So sind die Wortwechsel der beiden zum Teil von Höflichkeit und Zuvorkommenheit gekennzeichnet, zumindest im Ton:

> — Would you mind telling us, Shaun honey, beg little big moreboy, we proposed to such a dear youth, where mostly are you able to work. Ah, you might! Whimper and we shall.
> — Here! Shaun replied, while he was fondling one of his cowheel cuffs. There's no sabbath for nomads and I mostly was able to walk, being too soft for work proper, sixty odd eilish mires a week between three masses a morn and two chaplets at eve. [...] Weak stop work stop walk stop whoak. Go thou this island, one housesleep there, then go thou other island, two housesleep there, then catch one nightmaze, then home to dearies. Never back a woman you defend, never get quit of a friend on whom you depend never make face to a foe till he's rife and never get stuck to another man's pfife. Amen, ptah! His hungry will be done! On the continent as in Eironesia. But believe me in my simplicity I am awful good, I believe, so I am, at the root of me, praised be right cheek Discipline!
> (FW 410 f.)

Übersetzt:

> — Würde es dir etwas ausmachen uns zu erzählen, honigsüßer Shaun, beg lütter großer Moorjunge, trugen wir solch einem lieben Jungspund an, wo du meistenteils zum Arbeiten imstande bist. Kannst ruhig flüchtern, wir werden's schon.
> — Hier! antwortete Shaun, während er eine seiner Kuhklauen-manschetten kraulte. Gibt keinen Sabbath für Nomaden und imstande war ich meistenteils zum Abschreiten, dieweil ich zu empfindlich für richtige Arbeit, von sechzig rundweg eilischen

Meiren pro Woche zwischen drei Messen zur Morgenstunde und zwei Rosenkränzen zur Abendrunde. [...] Ah, weiche stop arbeite stop abschreite stop ackwelche. Gehe du diese Insel, ein Hausschlaf da, dann gehe du andere Insel, zwei Hausschlaf da, dann fang ein Nachtwirrwarr, dann heim zun Liebstchen. Stärke nie einer Frau die du verteidigst den Rücken, werd nie mit einem Freund von dem du abhängst quitt, schneid nie einem Feind Fratzen bis er reif und hänge nie an eines anderen Mannes Pfeif. Amen; ptah! Sein hungernd geschehn wird! Auf dem Kontinent wie auch in Eironesien. Doch glaubet mir in meiner Einfalt bin ich furchtbar gut, glaub ich, das bin ich, an der Wurzel meiner selbst, gepriesen sei rechte Wange Disziplin!

Die wohlwollende Haltung verliert sich allerdings rasch, als Shaun die Frage, wo er sein Geld gelassen habe, mit der Fabel vom „Aumvaisen" und dem „Gnadshoffer" beantwortet, in der er den Bruder als verschwenderischen und keinerlei Vorsorge treibenden Nichtsnutz beschreibt:

The Ondt was a weltall fellow, raumybult and abelboobied, bynear saw altitudinous wee a schelling in kopfers. He was sair sair sullemn and chairmanlooking when he was not making spaces in his psyche, but, laus! when he wore making spaces on his ikey, he ware mouche mothst secred and muravyingly wisechairman-looking. Now whim the sillybilly of a Gracehoper had jingled through a jungle of love and debts and jangled through a jumble of life in doubts afterworse, wetting with the bimblebeaks, drik-king with nautonects, bilking with durrydunglecks and horing after ladybirdies (*ichnehmon diagelegenaitoikon*) he fell joust as sieck as a sexton and tantoo pooveroo quant a churchprince, and wheer the midges to wend hemsylph or vosch to sirch for grub for his corapusse or to find a hospes, alick, he wist gnit! Bruko dry! fuko spint! Sultamont osa bare! And volomundo osi vide-vide! Nichtsnichtsundnichts! Not one pickopeck of muscow – money to bag a tittlebits of beebread! Iomio! Iomio! Crick's corbicule, which a plight! O moy Bog, he contrited with melan-ctholy. Meblizzered, him sluggered! I am heartily hungry!

(FW 416)

Übersetzt:

Der Aumvaise war ein Welterallskerl, raumerbault und sehr diensttölplig, beinah sah hochplateaunisch wi 'nz Schelling in Kopferminzen. Er war seher seeherr keifeiarlig und führerchtlich germangesehn er nicht gerade Späce machte in seiner Psyche, doch, allaus was recht ist! wenn er masgerade Späce machte auf seinem Pseikon war er nouche geheimottsvoller und von beneidenswelk stillvertrautlicher Muraumwaisheit. Als nun der Dummhopf von einem Gnadshoffer durch einen Wirrbel von Lieben und Schuld gewünschelt und schlimmerher durch ein Gewürrfel von Leben und Sorg getorkelt war, reglich wetternd mit den Hummelstummeln, drikkend mit Nautonekten, schwindelnd mit Weiberknechten und hürend nach Lüsterkäferchin (*ichnehmon diagelegenaitoikon*) wurde er grab so krank wie ein Totengräber und tanto armo quand ein Kirchenprinz, und wohing summ Teufel sylph wenndenn oder wosch nach Futtarma für seinen Korpuls sirchen oder eine Herbeuge finden, das wißte er gnitz! Bächenille ausgetrocknet! Fucorräte aufgebroukt. Saltzamunda achso leer! Und Ganzamondo osa videvide! Nichtsnichtsundnichts! Nicht eine Huckopeke Muscauergeldes einkleinbisschen Bienenbrot zu käfen! Iomio! Iomio! Moustquelkrämpfe, wasp 'ne Plage! Oh moin Bogk, reute er in Melanctholie. Merzzütterlte, ersch faulderte! Ich bin härtzlich hungrig![7]

Andere Fragen, denen Shaun sich zu stellen halt, gelten seiner Arbeit, speziell seinem Dienst als Postmann und den dazugehörigen Rechten und Pflichten – „wer gab dir aus lauter Symphonie die Erlaubnis?" (FW 409: „who out of symphony gave you the permit?") Davon ausgehend kommt die Sprache zum Schluß wiederum in aller Ausführlichkeit auf den mysteriösen Brief und seine tatsächlichen oder vermuteten Inhalt:

Letter, carried of Shaun, son of Hek, written of Shem, brother of Shaun, uttered for Alp, mother of Shem, for Hek, father of Shaun. [...] Here's the Bayleaffs. Step out to Hall out of that, Ereweaker, with your Bloody Big Bristol. Bung. Stop. Bung. Stop. Cumm Bumm. Stop. Came Baked to Auld Aireen. Stop.

---

[7] Deutsche Fassung aus Joyce, *Geschichten von Shem und Shaun / Tales Told of Shem and Shaun*, a.a.O., S. 79/81.

– Kind Shaun, we all requested, much as we hate to say it, but since you rose to the use of money have you not, without suggesting for an instant, millions of moods used up slanguage tun times as words as the penmarks used out in sinscript with such hesitancy by your cerebrated brother – excuse me not mentioningahem?

– CelebrAted! Shaun replied under the sheltar of his broguish, vigorously rubbing his magic lantern to a glow of fullconsciousness. HeCitEncy! Your words grates on my ares [...] Beerman's bluff was what begun it, Old Knoll and his borrowing! And then the liliens of the veldt, Nancy Nickies and Folletta Lajambe! Then mem and hem and the jaquejack. All about Wucherer and righting his name for him [...] and him, the cribibber like an ambitrickster, aspiring like the decan's, fast aslooped in the intrance to his polthronechair with his sixth finger between his catseye and the index, making his pillgrimace of Childe Horrid, engrossing to his ganderpan what the idioglossary he invented under hicks hyssop! Hock! Ickick gav him that toock, imitator! And it was entirely theck latter to blame. [...] He's weird, I tell you, and middayevil down to his vegetable soul. Never mind his falls feet and his tanbark complexion. That's why he was forbidden tomate and was warmed off the ricecourse of marri-money, under the Helpless Corpses Enactment. [...] Your puddin is cooked! You're served, cram ye! Fatefully yaourth ... Ex. Ex. Ex. Ex.

– But for what, thrice truthful teller, Shaun of grace? Weakly we went on to ask now of the gracious one. Vouchsafe to say. You will now, goodness, won't you? Why?

– For his root language, if you ask me whys, Shaun replied, as he blessed himself devotionally like a crawsbomb, making act of oblivion, footinmouther! (what the thickuns else?) which he pick-sticked into his lettruce invrention. Ullhodturdenweirmudgaardgrin-gnirurdrmolnirfenrirlukkilokkibaugimandodrrerinsurtkrinmgernrack-kinarockar! Thor's for yo!

– The hundredlettered name again, last word of perfect language. But you could come near it, we do suppose, strong Shaun O', we foresupposed. How?

– Peax! Peax! Shaun replied in vealar penultimatum. [...] And by all I hold sacred on earth clouds and in heaven I swear to you on my piop and oath by the awe of Shaun (and that's a howl of a name!) that I will commission to the flames any incendiarist whosoever or ahriman howsoclever who would endeavour to set ever annyma roner moother of mine on fire. Rock me julie but I will soho!

And [...] he spoorlessly disappaled and vanesshed, like a popo down a papa, from circular circulatio. Ah, mean!

(FW 420-427)

Übersetzt:

Brief, getragen von Shaun, Sohn von Hek, geschrieben von Shem, Bruder von Shaun, geäußert für Alp, Mutter von Shem, für Hek, Vater von Shaun. [...] Hier ist der Berichtsvollbogen. Trete raus zur Halle aus dem da raus, Eherweicher, mit deiner Garstigen Großen Gangnone. Pung. Stop. Pung. Stop. Kumm Bumm. Stop. Komm Zerbäckt zu Oll' Ehrene. Stop.

– Gütiger Shaun, ersuchten wir alle, so sehr wir's auch zu sagen hassen, aber seit du zum Gebrauch von Geld erwachsen hast du da nicht, ohne einen Moment anzudeuten, Millionen von Miesmalen einen Zungenslang aufgebraucht tonnmal als Wörter als die Beistumpenmarkierungen wo im Sündskript eingebraucht mit solcher Bedenklichkeit durch deinen gefeuarten Bruder – 'tschuldige daß ich nicht Ihmerwähne?

– CefeiArt! antwortete Shaun unter dem Geheimdache seines Rotgewäschs, energisch seine Wunderlampe zum Glühen des Vollbewußtseins rubbelnd. HedänkliChkEit! Eure Worte kratzt an meinen Ahren. [...] Mit Trinkekuh hat's angefinten, der Olle Dolle und sein Geborge. Und dann die Liliens auf dem Veldt, Nancy Nickies und Folletta Lajambe! Dann Mämm und Hämm und 's Jaquejack. Alles über Wücherer und das Sichrieren seines Namens für ihn [...] und er, der Kribbensäugzer, wie ein Beidschwindler, aspirierend wie des Dekans, feste geschlaffend im Imgange seines Pulthronstuhls mit seinem sechsten Finger zwischen seinem Katzenauge und seinem Zeiger, die Pillgrimmfaß des Junkers Horrid ausführend, grausmächtig rausfetigend auf seinem Ganterkeil was ein Idioglossar er erfunden unter weiseim Ysopenwedel. Wackhock! Yckick gabihm jens bauch, Imitator! Und es hat vollkommen jener Fettstgesandte zu verantworten. [...] Der ist unheimlich, sag ich euch, und mittägübel bis zu seiner vegetabilen Seele hinab. Stör dich bloß nicht an seinen fallschon Füßen und seinem lohgerben Teint. Das ist's warum ihm Zumaten verboten und er vor der Rinnbohne des Gebetands gewarmt wurde, unter dem Hilfelos-

Cörpers-Erlaß. [...] Dein Puttding ist gekocht! Du bist bedient, stopf dich! Totschlagungsvoll diner ... Ex. Ex. Ex. Ex.

– Aber wes wegen, dreifach durchunddurchehrlicher Daherzähler, Shaun von Gnaden? Schwöchentlich fuhren wir nun fort den Gnädigen zu erfragen. Gewähre zu sagen. Nun wirst du's, Gütiger, nicht wahr? Warum?

– Wegen seiner wurzligen Sprache, wenn ihr mich Warumsen fragt, antwortete Shaun, während er sich andachtsam segnete wie ein Kniebückling, Böse tuend, Klauinmauler! (was zum Däumel sonst noch?) welches er in seine bruflichte Erfundung speckweckte. Ullhodturdenweirmutgaardgringnirurdrmolnirfenrirgluekilokibaugimandodrrerinsurtkrinmgernrackinarockar! Thor ist's für yoich!

– Der hundertbuchstabige Name wieder, letztes Wort der perfekten Sprache. Doch du könntest nahe darankommen, nehmen wir an, starker Shaun O', vornahmen wir an. Wie?

– Paxfried! Paxfried! antwortete Shaun in vorletztlichem wehlaren Gaumium. [...] Und bei allem was ich heilig halte auf Erden Wolken und im Himmel schwöre ich dir auf meine Piope und beeide bei der Ehrfurcht Shauns (und das ist ein echt heulischer Name!) daß ich den Flammen üverantworten jeden Brandstift werauchimmer werde oder Ahrinmann wienochschlimmer der es unternehmen wollte jedemals irgend annema ronere Muttander von mir in Brand zu stecken. Schüttel mich begührend aber das werd ich tutututen!

– Und [...] er entschwankt und vanesschwund spurlösend, wie ein Popo einen Papa hinab, vom zirkulärn Zirkulatio. Ah, g'mein!

Der hier am Ende herauszuhörenden Gebetsformel gemäß schließt das Kapitel mit (freilich zweifelhaften) Segenswünschen:

And may the mosse of prosperousness gather you rolling home! May foggy dews bediamondise your hooprings! May the fireplug of filiality reinsure your bunghole! May the barleywind behind glow luck to your bathershins! [...] may the tussocks grow quickly under your trampthickets and the daisies trip lightly over your battercops.

(FW 428)

Übersetzt:

Und möge das Moos des Wohlstands sich deinem Rollen dem Heim entgegen ansetzen! Mögen dunstige Tautröpfel deine Reifringe diamantisieren! Möge der Feuerlöschhydrant der Verwandtkommenschaft dein Spundloch rückversichern! Möge der Gerstenwind dahinter deinen Schönbeinern Glück glühen! [...] mögen die Grasbüschel schnell unter deinen Tramptickichten wachsen und die Gänseblümel leichthin über deine Hunnenfäuste trippeln.

Finnegans Wake III.2
(FW 429-473)

Dieses Kapitel verfaßte Joyce zwischen März 1924 und April 1928 und erweiterte es in den Jahren 1933-36; es erschien in der ersten Fassung unter dem Titel „Continuation of a Work in Progress" in *transition* 13 (Juli 1928).

In diesem Kapitel ist Shaun zu Jaun geworden, „angemessen abgewandelt zum Glänzendren hin" (FW 429: „amply altered for the brighter"), und hat es nicht mehr mit dem ihn befragenden Wahlvolk zu tun, sondern mit Issy und ihren 28 Gefährtinnen, Schülerinnen aus „Benent Sankt Bercheds nationaler Nachtschule" (FW 430: „Benent Saint Berched's national nightschool"), denen er eine Predigt hält, unter deren Moralität sich Anzüglichkeiten verstecken. Jaun gibt vor, „bruderbeiseitigt ihr benediktiner Patenonkel" (FW 431: „brotherbesides her benedict godfather") zu sein, und sie nähern sich ihm schüchtern und durchtrieben zugleich wie einem harmlosnaiven Priester:

> kittering all about, rushing and making a tremendous girlsfuss over him pellmale, their *jeune premier* and his rosyposy smile, mussing his frizzy hair and the golliwog curls of him [...]!
>
> (FW 430)

Übersetzt:

> überall herumkitternd, stürmend und ein kolossales Mädelgetue machend über ihn durcheinmannder, ihr *jeune premier* und sein rosigposiges Lächeln, verwuselnd sein kräusliges Haar und die negerpüppligen Locken von ihm [...]!

Jaun hält den Mädchen seine Predigt mit allerlei Handlungsanweisungen und Warnungen vor den bösen Schriften:

I'd burn the books that grieve you and light an allassundrian bompyre that would suffragate Tome Plyfire or Zolfanerole. Perousse instate your *Weekly Standerd*, our verile organ that is ethelred by all pressdom. Apply your five wits to the four verilatest. The Arsdiken's *An Traitey on Miracula or Viewed to Death by a Priest Hunter* is still first in the field despite the castle bar, William Archer's a rompan good cathalogue and he'll give you a riser on the route to our nazional labronry. Skim over *Through Hell with the Papes* (mostly boys) by the divine comic Denti Alligator (exsponging your index) and find a quip in a quire arisus aream from bastardtitle to fatherjohnson. Swear aloud by pious fiction the like of *Lentil Lore* by Carnival Cullen or that *Percy Wynns* of our S. J. Finn's or *Pease in Plenty* by the Curer of Wars, licensed and censered by our most picturesque prelates, Their Graces of Linzen and Petitbois, bishops of Hibernites, *licet ut lebanus*, for expansion on the promises, the two best sells on the market this luckiest year, set up by Gill the father, put out by Gill the son and circulating disimally at Gillydehooly's Cost.

(FW 439 f.)

Übersetzt:

Ich verfeuer die Bücher die euch entsetzen und entfache ein allessammdrinisches Scheiterfeier sofragettich wie Turm Plärrfeuer oder Zolfanerole. Löset staatdessen eure *Wöchentliche Standerte*, unser veriles Organ von dem das ganze Presstum rethelredet. Verwendet eure fünf Sinne auf die vier brandaktuletzten. Des Ärsdikens *An Annbandlung über Miracula oder Zu Tode Gesehen von einem Priesterjäger* ist immer das allererste auf diesem Acker ungeachtet der Kastellbarrung, William Archer seiner ist ein romorend guter Kathalog und der wird euch hinan auf der Rute rauf zu eurer Nazionalabibroniothek. Flieg über *Durch die Hölle mit den Pappsen* (meistens Jungens) von dem divinen Komödianten Denti Alligator (euern Index exskulpierend) und findet einen Lacher in jeder Lage wo arisusset amries vom Bastardtitel zum Vaterjohnson. Schwöret laut bei frommer Fiction in der Art von *Fastenlinsen* von Karneval Cullen oder jenem *Percy Gewynnens* unseres S. J. Finnens oder *Fritten und Eiersuchen* vom Kurierer der Kriegskunst, lizensiert und zensuriert durch unsere höchst pittoreskesten Prälaten, Ihre

Gnaden von Linzen und Petitbois, Bischöfen der Hiberniten, *licet ut lebanus*, zum Ausschwank mit Gewährigung, den zwei besten Zellen am Markt in diesem glücklichsten Jahr, aufgesetzt von Gill dem Vater, rausgesbracht von Gill dem Sohn und zirkulierend dösimalig auf Gillydehallis Kost.

Nachdem die Mädchen sich Jauns Predigt angehört haben, zeigen sie ihm, was sie gelernt haben, und beschreiben ihm, wie sie mit jemandem umgehen würden, der zudringlich wird: „wir werden ihm stumm sehr bald vorspielen welcherart der Shauneweg ist wie wir einen langen unschönen Weg gehen werden auf das Brechen seines Außenseitergesichts für ihn zu" (FW 442: „we'll dumb well soon show him what the Shaun way is like how we'll go a long way towards breaking his outsider's face for him"). Jaun ist zufrieden und kündigt an, zum Zeichen seines Lobs werde er „bedecken die zwei reinen Bocken deines ausgesuchten Flaumkuckelns mit Zuccheriküssungen, hong, kong, und so weiter dong" (FW 446: „cover the two pure chicks of your comely plumpchake with zuccherikissings, hong, kong, and so gong"). In seinem weiteren mit Betfloskeln durchsetzten Vortrag scheint Jaun den Blick in die Zukunft zu werfen:

> Do you know what, liddle giddles? One of those days I am advised by the smiling voteseeker who's now snoring elued to positively strike off hiking for good and all as I bldy well bdly ought until such temse as some mood is made under privy-sealed orders to get me an increase of automoboil and footwear for these poor discalced and a bourse from bon Somewind for a cure at Badanuweir (though where it's going to come from this time –) as I sartunly think now, honest to John, for an income plexus that that's about the sanguine boundary limit. Amean.
>
> (FW 448)

Übersetzt:

> Wißt ihr was, lüttel Mäddels? Eines Tages werde ich angewiesen von dem lächelnden Stimmenfänger der nun lauend schnarcht das Rumstreifen definitiv ein für allemal abzustreichen wie ich vrdmmg wohl vrdmmt sollte bis zu solchem Themspus wo eine Stimmung erfolgt unter geheimgesiegelter Order mir einen Zuwachs an Auto-

mobeulen und Schuhwerk zu verschaffen für diese armseligen Barfüßigen und eine Bourse vom bon Irrgendwind für eine Kur in Badanuwehr (obwohl wo es diesmal herkommen soll –) wie ich jetzt gewißlich sehr turnnehme, ehrlich auf John, für ein Einkommensscheuern daß es das ist ungefähr um die sanguinische verkante Grenze. Amein.

Nach einer Pause scheint Jaun gealtert, ebenso das übrige Personal, Issy ist jetzt kein junges Mädchen mehr, sondern „meine Leonenlady" (FW 449: „my lady of Lyons"), und Jaun träumt davon, Geld anzusparen „in Vestmenten subdominalen Schwarzbrinanz bei erstklassigen Kosten" (FW 451: „in vestments of subdominal poteen at prime cost"), um irgendwann in der Lage zu sein, Issy zu betten „auf die elektrische Ottomane im Schoße des Leckschuß, einfaltlich stichlos vor Berwunderung, unter die phantostelheldischst möblierten Abteilwänds" (FW 451: „on the electric ottoman in the lap of lechery, simpringly stitchless with admiracion, among the most uxuriously furnished compartments").
Schließlich ergreift Issy das Wort und dankt Jaun auf ihre Weise:

> my sapphire chaplets of ringarosary I will say for you to the Allmichael and solve qui pu while the dovedoves pick my mouthbuds (msch! msch!) with nurse Madge, my linkingclass girl, she's a fright, poor old dutch, in her sleeptalking when I paint the measles on her and mudstuskers to make her a man.
>
> (FW 459)

Übersetzt:

> meine Saphirokränze von Ringelrosen ganz werd ich für dich sagen an den Allmichael und lösove qui pu während die Taubtauben meine Mundknospen pflücken (msch! msch!) mit Pflegerin Madge, meinem Springelklassmädel, sie ist'n Scheusal, arme alte Holländsche, in ihrem Schlafverhandeln wenn ich ihr die Masern aufmale und Hauerhärte um sie zum Mann zu machen.

Jaun scheint am Ziel seiner Wünsche, von einem „Vergalopbungskrug" (FW 462: „bridle's cup") ist die Rede, und Jaun prostet der Angebeteten zu: „Esterelles, sei nicht auf deinem weinenden Was obwohl Shaunathaun in seinis Faillen ist!" (FW 462: „Esterelles, be not on your weeping what though Shaunathaun is in his fail!") Dann aber plötzlich soll „Dave der Danzkerl [...] beiräuflich im Brechen einer Krustie eintreffen" (FW 462: „Dave the Dancekerl [...] will arrive incessantly in the fraction of a crust"), wohinter sich der andere Bruder zu verbergen scheint, und damit wäre Jaun ausgestochen. Also geht er daran, gegen den Bruder zu wettern, seine Stimme und seine Fußbekleidung herabzuwürdigen: „Aber er könnte einem Oberstkern nah sein mit einer solchen Stimme." (FW 466: „But he could be near a colonel with a voice like that.") „Die miseren Billigboots pflegte ich ihm auszuborgen bevor wir uns entzweiten" (FW 467: „The misery billyboots I used to lend him before we split"). Dieser Knilch habe „den Ozean zwischen seins und unsers" (FW 467: „place the ocean between his and ours") gebracht, schlage sich in der Fremde an einer „Bauerlitzchen-schoele" (FW 467: „beurlads scoel") durch und benehme sich nun „ebenso heimlig gauche wie beschwiftigt" (FW 467: „as homely gauche as swift"). Der enttäuschte Jaun beteuert, das sei jetzt „mein definitiv Letztes auf jeglicher Bühne" (FW 468: „my positively last at any stage"); „'s ist Zeit aufgescheucht und am Schleudern zu sein." (FW 468: „'tis time to be up and ambling.") Jaun verabschiedet sich also, und die Mädchen singen ihm nach wie einem gen Himmel aufsteigenden Gott Osiris:

> Oasis, cedarous esaltarshoming Leafboughnoon!
> Oisis, coolpressus onmountof Sighing!
> [...] Pipetto, Pipetta has misery unnoticed!

(FW 470)

Übersetzt:

> Oasie, zederös eßaltarsheimend Leibblattnun!
> Oisis, kühlpressuns an Montanzerrung!
> [...] Pipetto, Pipetta hat Misere unbemerkt!

Der Aufstieg in den „Allraum" (FW 455: „Allspace") gelingt allerdings nicht recht, vielmehr geht es abwärts, nämlich in einem Faß die Liffey hinab „mit einer Rotte gerüttelter Taschenbrecher an seiner Windseite wie Seraphims Einherrufungen an der Luft [...], entlang der Überhauptstraße der Nation, Verräters Pfad" (FW 471: „with a posse of tossing hankerwaves to

his windward like seraph's summonses on the air [...], along the highroad of
the nation, Traitor's Track") – und Jaun schläft dabei offenbar ein:

> Brave footsore Haun! Work your progress! Hold to! Now! Win out,
> ye divil ye! The silent cock shall crow at last. The west shall shake
> the east awake. Walk while ye have the night for morn, lightbreak-
> fastbringer, morroweth whereon every past shall full fost sleep.
> Amain.

(FW 473)

Übersetzt:

> Wackrer fußkranker Haun! Werkel dein Programm voran! Halt dich
> ran! Jetzt! Gewinne dich raus, du Deubel du. Der stumme Hahn
> wird schließlich krähen. Der Westen wird den Osten wachrütteln.
> Wandelt dieweil ihr die Nacht habt zum Sorgen, Lichtfrühstracks-
> bringer, woraufhin jedes Gewesene schwill in Schlaf vollen soll.
> Ehmann.

Finnegans Wake III.3
(FW 474-554)

Dieses Kapitel verfaßte Joyce zwischen November 1924 und Mai 1930; es
erschien in der ersten Fassung unter dem Titel „Continuation of a Work in
Progress" in *transition* 15 (Februar 1929), außerdem als Separatdruck unter
dem Titel *Haveth Childers Everywhere* (Paris: Babou and Kahane / New
York: Fountain Press 1930; London: Faber 1931).

In diesem Kapitel ist der ordentlichere der Brüder noch müder geworden
und offenbar in die Landschaft hingesunken – Shaun, der nun zu Yawn
mutiert ist, ähnelt immer mehr seinem Vater. Tatsächlich wird er nun einer
Befragung durch die vier Alten unterzogen: „Shanator Gregory [...],
Shanator Lyons, [...] seine Recorderschaft, Dr. Shunadure Tarpey [...], der
alte Shunny MacShunny, MacDougal der Rumstreifer, im Heckrund von
ihnen auf und davon" (FW 475: „Shanator Gregory [...], Shanator Lyons,
[...] his Recordership, Dr Shunadure Tarpey [...], old Shunny MacShunny,
MacDougal the hiker, in the rere of them on the run") in Begleitung ihres
Esels, des „himmelsgrauen Globetrotters" (FW 475: „skygrey globetrot-

ter"). Thema der Befragung sind „historische Grünne", nämlich „Dieses selbige prähistorische Hünengrab [...], die Orangerie" (FW 477: „historical grouns [...] This same prehistoric barrow [...], the orangery"), also der (mit Apfelsinenschalen bestückte) Abfallhaufen, aus dem die Henne den Brief hervorgescharrt hat. Yawn beteuert, man brauche „keinen Moorhennensschrei oder Mondners Brückenlandung da um uns nachm Hoffenhaven zu führen" (FW 478: „no moorhens cry or mooner's plankgang there to lead us to hopenhaven"), und versucht, sich das Gehabe des irischen Nationalheiligen zu geben, wobei ihm allerdings Swiftsche Versuchungen dazwischengeraten: „Trinathan Partnick dieudonnay. Habt ihr sie gesehen? Typette, meine Taktile O!" (FW 478: „Trinathan partnick dieudonnay. Have you seen her? Typette, my tactile O!")

Die Befragung richtet sich zunehmend auf den „ochsäugigen Mann" aus „Dänenland" (FW 480: „From Daneland sailed the oxeyed man"), also HCE, und Yawn stellt seinen Vater als Urheber aller Schuld dar: „Durch ihn wurd es getan Bapka, durch mich wurd es hinein gegangen" (FW 481: „By him it was done bapka, by me it was gone into"). Nächster Punkt der Befragung ist das Verhältnis der Brüder; die vier Alten wollen wissen, ob Shem ein „falschgemünzter Kevin" (FW 483: „counterfeit Kevin") sei: „hast du begründete Bedenken gegen ihn in deinem Sinn [...]?" (FW 483: „have you reasonable hesitancy in your mind about him [...]?") Yawn gerät ins Stammeln: „Ich nicht elzülnt mo, mich splichich Gellmanns Lingas." (FW 485: „Me no angly mo, me speakee Yellman's lingas.") Solche Ausflüchte erzürnen die Befrager: „Höllenkonfuzion und die Elemente!" (FW 485: „Hell's Confucium and the Elements!") Ob er wirklich Patrick sei, wollen sie von Yawn wissen, der eine rätselhafte Antwort gibt: *„Quatrige mein Jochs. Trippel mein Tryst. Tandem mein Ahnherr."* (FW 486: *„Quadrigue my yoke. Triple my tryst. Tandem my sire."*) Giordano Brunos Prinzip der Identität von Gegensätzen ergreift von den beiden Brüdern Besitz:

> – Dearly beloved brethren: Bruno and Nola, leymon bogholders and stationary lifepartners off orangey Saint Nessau Street, were explaining it avicendas all round each other ere yesterweek out of Ibn Sen and Ipanzussch. When himupon Nola Bruno monopolises his egobruno most unwillingly seses by the mortal powers alionola

equal and opposite brunoipso, id est, eternally provoking alio opposite equally as provoked as Bruno at being eternally opposed by Nola. Poor omniboose, singalow singelearum: so is he!

(FW 488)

Übersetzt:

– Herzallerliebste Gebrüder: Bruno und Nola, Laimonboghalter und stationäre Lebenspartner ab von der orangigen Sankt-Nessau-Straße, erklärten es unavicendalässig rings um ein ander rum vor gesterwöchig aus Ibn Sen und Ipanzussch raus. Als eraufhin Nola Bruno monopolisiert ersennt sein egobruno unwillentlich anhand der sterbtödlichen Kräfte allionola egal und oppositzlich brunoipso, id est, ewiglich hrausfordernd alio oppositz egaliglich als wie herausgefordert als wie Bruno als beim ewiglich von Nola opponiert sein. Pover Omnibuchs, sinkalan singelearum: so ist er!

Da sich die Identitäten der Brüder (und der irischen Heiligen Patrick und Kevin) zusehends verwirren, wird nun der Ahnherr HCE selbst zum Gegenstand der Untersuchung: „Eure Exagmination rund um seine Faktifikation für die Inkamination von ’nem verwerfenden Prozeß. Deklamiert!“ (FW 497: „Your exagmination round his factification for incamination of a warping process. Declaim!“) Dieser aber ist „nach seinem übrigwährenden Leben [...] reduziert auf nichts.“ (FW 499: „after his life overlasting [...] reduced to nothing.“) Mit nachlassender Kraft und sich verwirrender, gleichzeitig zu kindlicher Einfachheit zurückdriftender Sprache werden Götter und Helden angerufen:

– Rawth of Gar and Donnerbruck Fire? Is the strays world moving mound or what static babel is this, tell us?
– Whoishe whoishe whoishe whoishe linking in? Whoishe whoishe whoishe?
– The snare drum! Lay yer lug till the groun. The dead giant manalive! They’re playing thimbles and bodkins. Clan of the Gael! Hop! Whu’s within?
– Dovegall and finshark, they are ring to the rescune!
– Zinzin. Zinzin.
– Crum abu! Cromwell to victory!

– We'll gore them and gash them and gun them and gloat on them.

– Zinzin.

– O, widows and orphans, it's the yeomen! Redshanks for ever! Up Lancs!

– The cry of the roedeer it is! The white hind. Their slots, linklink, the hound hunthorning! Send us and peace! Title! Title!

– Christ in our irish times! Christ on the airs independence! Christ hold the freedman's chareman! Christ light the dully expressed!

– Slog slagt and sluaghter! Rape the daughter! Choke the pope!

– Aure! Cloudy father! Unsure! Nongood!

– Zinzin.

– Sold! I am sold! Brinabride! My ersther! My sidster! Brinabride, goodbye! Brinabride! I sold!

– Pipette dear! Us! Us! Me! Me!

– Fort! Fort! Bayroyt! March!

– Me! I'm true. True! Isolde. Pipette. My precious!

– Zinzin.

– Brinabride, bet my price! Brinabride!

– My price, my precious?

– Zin.

– Brinabride, my price! When you sell get my price!

– Zin.

– Pipette! Pipette, my priceless one!

– O! Mother of my tears! Believe for me! Fold thy son!

– Zinzin. Zinzin.

– Now we're gettin it. Tune in and pick up the forain counties! Hello!

– Zinzin.

– Hello! Tittit! Tell your title?

– Abride!

– Hellohello! Ballymacarett! Am I thru' Iss? Miss? True?

– Tit! What is the ti . . ?

SILENCE.

Act drop. Stand by! Blinders! Curtain up. Juice, please! Foots!

(FW 499-501)

Übersetzt:

– Rathchzorn Garttes und Donnerbruck Feuer? Beweht die streutige Welt sich wund oder was fürs berauschiges Babboln ist das hier, sagst uns?

– Wirrscha wirrscha wirrscha wirrscha schaltet rein? Wirrscha wirrscha wirrscha?

– Die Rührtrommel! Leg dein Lug auf den Bod. Der tote Riese mannleben! Sie spielen Zinngabeln und Pottkins. Clan des Gälen! Hopp! Wers drinnen?

– Daubegall and haifinnisch, so häulen sie zu Hinfaln!

– Zinzin. Zinzin.

– Crum abu! Cromwell zum Sieg!

– Wir werden sie spießen und sie spalten und sie schießen und uns über sie schallten.

– Zinzin.

– O, Witwen und Waisen, die Yeomänner sind's! Rotschenkel immerdar! Hoch die Lancsen!

– Der Schrei der Rothirsche ist's! Die weiße Hindin. Ihre Fährten, schildschalt, der Hund jagdhörnend! Schickt uns uns Frieden! Titel! Titel!

– Christ in unsern irisch Gazeiten! Christ auf den Äthern Unabhängigkeit! Christ halt des Befreitmanns Schurnel! Christ erleucht den täglicht Erpreßten!

– Slog Slagt und Sluächterei! Schändet die Töchterei! Packt den Papst!

– Auder! Wolkiger Vater! Unsicher! Nongut!

– Zinzin.

– Sollt! Ich bin sosollt ausverkauft! Bräunabraut! Mei Schwersther! Mei Sidster! Bräunabraut, lebwohl! Bräunabraut! Ich sollt!

– Pipette Liebstes! Uns! Uns! Mir! Mir!

– Eweg! Eweg! Beroyt! Marsch!

– Mir! Ich bin echt treu. Treu! Isolde. Pipette. Meine Teure!

– Zinzin.

– Bräunabraut, wett meinen Preis! Bräunabraut!

– Meinen Preis, meine Teure?

– Zin.

– Bräunabraut, meinen Preis! Wenn du verkaufst, hör meinen Preis!

– Zin.

– Pipette! Pipette, meine unbezahlbare Einzige!

– O! Mutter meiner Tränen! Glaube für mich! Falt deinen Sohn!

– Zinzin. Zinzin.

– Nun kriegen wir's rin. Schalltet an und kriegt die auswändischen Grafschaften rein! Hallo!

– Zinzin.

– Hallo! Tittit! Zeiger mir dein Zeichen?

– Bleib beräut!

– Hallohallo! Ballymacarett! Bin ich durchs Iss? Miss? Echt?

– Tit! Was sagt d' Zei . . ?

STILLE.

Szene Grund. Auf Empfang! Scheuklappen! Vorhang hoch. Saft bitte! Trampelig!

Wir befinden uns, wie unschwer zu überlesen, nicht mehr im Götter- oder Helden-, sondern im Menschenzeitalter, auf sehr weltliche Weise beherrscht von den Söhnen: „Wir prächtigen jungen Burschen vom brandneuen Braintrust" (FW 529: „We bright young chaps of the brandnew braintrust"). HCE unternimmt einen letzten Versuch, Größe zu zeigen, indem er vom „Sitz der Stadt" (FW 540: „seat of our city") schwärmt, von seiner Gründung:

– Amtsadam, sir, to you! Eternest cittas, heil! Here we are again! I am bubub brought up under a camel act of dynasties long out of print, the first of Shitric Shilkanbeard (or is it Owllaugh MacAuscullpth the Thord?), but, in pontofacts massimust, I am known throughout the world wherever my good Allenglisches Angleslachsen is spoken by Sall and Will from Augustanus to Ergastulus, as this is, whether in Farnum's rath or Condra's ridge or the meadows of Dalkin or Monkish tunshep, by saints and sinners eyeeye alike as a cleanliving man and, as a matter of fict, by my halfwife, I think how our public at large appreciates it most highly from me that I am as cleanliving as could be and that my game was a fair average since I perpetually kept my ouija ouija wicket up.

(FW 532)

Übersetzt:

– Amtsadam, Sir, für euch! Ewigste Cittadts, heil! Hier sind wir wieder! Ich bin gugug großgeworden unter einem kameln Akt von Dynastien wo lang nicht mehr gedruckt werden, der erste von Schieteric Scheitenbart (oder ist's Eullach MacAuscullph der Thorte?), doch, in Ponktofakten Messemussich, ich bin in der ganzen Welt bekannt woimmer mein gutes Allenglisches Angleslachsen gesprochen wird von Solle und Willi seit Augustanus bis Ergastulus, sozusein, ob nun in Farnums Fort oder Condras Bergrücken oder den Weiden von Dalkin oder Mönkischen Fluoren, von Heiligen und Sündern augaug ebenso als ein klarfeinlevender Mann und, in Bezug auf Fiktien, bei meinem Halbweib, ich denke wie unsere Öffentlichkeit es zufettst gar höchlichst von mir einschätzet daß ich so feinlebend bin wie nur geht und daß meine Partie eine recht durchschnittliche war da ich mein Ouija-Ouija-Törchen ständig aufhielt.

Und HCE wird noch deutlicher:

here where my tenenure of office and my toils of domestication first began, with weight of woman my skat and skuld but Flukie of the Ravens as my sure piloter, famine with Englisch sweat and oppedemics, the twotoothed dragon worms with allsort serpents, has compolitely seceded from this landleague of many nations and open and notorious naughty livers are found not on our rolls. This seat of our city it is of all sides pleasant, comfortable and wholesome. If you would traverse hills, they are not far off. If champain land, it lieth of all parts. If you would be delited with fresh water, the famous river, called of Ptolemy the Libnia Labia, runneth fast by. If you will take the view of the sea, it is at hand. Give heed!

(FW 539 f.)

Übersetzt:

hier wo meine Burghquaidung des Amtes und meine Mühe der Domestizierung anfangs begannen, das Gewicht vom Geweibe mein Skat und Skuld doch Flukie von den Raben als mein sicherer Piloteur, mägendleer mit englischem Schweiß und Oppedemien, die zweizähnigen Drachenwürmer mit allsortigen Schlangen, ist kompoliett abgefallen von dieser Landliga aus vielen Nationen und offene und notorische ungehörige Leberde werden auf unseren

Rollen gefunden nicht. Dieser Sitz unserer Stadt er ist von allen Seiten wohltuend, angenehm und zuträglich. Wenn man Hügel zu durchqueren wünscht, so sind sie nicht weitab. Falls flache Gründe vorgesogen, sie liegen zu allen Theilen. Wenn man mit frischem Wasser zu erquicken wünscht, der berühmte Strom, genannt von Ptolemäus das Libnia Labia, fließt hurtig vorbei. Wenn man den Anblick des Meeres zu schauen begehrt, es ist zur Hand. Gebt Obacht!

All dem begegnen die Zuhörer mit Skepsis, und so muß sich HCE immer wieder verteidigen, nicht „eines Kriminalkricksverbrechens von Amtvergehungsübertretung schuldig zu sein gegen Pfarrson mit der Person einer jugendlichen mämädeligen Freufreuf Freundin" (FW 532: „to be guilty of crim crig con of malfeasance trespass against parson with the person of a youthful gigirl frifrif friend"), sondern immer nur sein „besterhaltenes Ganzweib" (FW 533: „bestpreserved wholewife") geliebt zu haben: es gebe „nicht einen einzigen Teelöffelfall von Beweisen beim Bottomlügen für mein Ferferkle" (FW 534: „not one teaspoonspill of evidence at bottomlie to my babad"). „Ganze Affäre ist fauliger muckschweinischer pökelferkliger Treber. Genoch!" (FW 535: „Hole affair is rotten muckswinish porcupig's draff. Enouch!") HCE beteuert, die ganze Welt derer, die ihn nun verdächtigen, basiere doch nur „Auf mir, eurem schlafenden Riesen." (FW 540: „On me, your sleeping giant.") Gezeugt habe er all das immer nur mit ALP, und er allein: er „kannte sie fleischlich als mit meinem ganzen Küppler ich sie verhuehrte, min Bryllupsweip: Himmel, er halldonnerte; Heidos, er hieb Blitzückenfürsieh." (FW 547: „knew her fleshly when with all my bawdy did I her whorship, min bryllupswibe: Heaven, he hallthundered; Heydays, he flung blissforhers.")

Finnegans Wake III.4
(FW 555-590)

Dieses Kapitel verfaßte Joyce zwischen Oktober 1925 und Oktober 1929; es erschien in der ersten Fassung unter dem Titel „Continuation of a Work in Progress" in *transition* 18 (November 1929).

In diesem Kapitel erleben wir den Zeugungsakt, auf den sich HCE zu Ende des vorherigen berufen hat, in einer höchst prosaischen Beschreibung. HCE und ALP sind nun das Ehepaar Porter, das spät in der Nacht im Bett liegt und vom Schrei eines der Zwillinge (es ist Shem, nun als Jerry) geweckt wird:

What was thaas? Fog was whaas? Too mult sleepth. Let sleepth.

But really now whenabouts? Expatiate then how much times we live in. Yes?

So, nat by night by naught by naket, in those good old lousy days gone by, the days, shall we say? of Whom shall we say? while kinderwardens minded their twinsbed, therenow theystood, the sycomores, all four of them, in their quartan agues, the majorchy, the minorchy, the everso and the fermentarian with their ballyhooric blowreaper, titranicht by tetranoxst, at their pussycorners, and that old time pallyollogass, playing copers fearsome, with Gus Walker, the cuddy, and his poor old dying boosy cough, esker, newcsle, saggard, crumlin, dell me, donk, the way to wumblin. Follow me beeline and you're bumblin, esker, newcsle, saggard, crumlin. And listening. So gladdied up when nicechild Kevin Mary (who was going to be commandeering chief of the choirboys' brigade the moment he grew up under all the auspices) irishsmiled in his milky way of cream dwibble and onage tustard and dessed tabbage, frighted out when badbrat Jerry Godolphing (who was hurrying to be cardinal scullion in a night refuge as bald as he was cured enough unerr all the hospitals) furrinfrowned down his wrinkly waste of methylated spirits, ick, and lemoncholy lees, ick, and pulverised rhubarbarorum, icky; [...]

(FW 555)

Übersetzt:

Whas war dhaas? Dunst war whaas? Zu multi Schliefe. Laß Schliefe.

Doch wirklich whaist nun wannlosist? Ruminiere dann zu wievielen Zeiten wir drin leben. Ja?

Also, Naicht um Nacht um Nicht um Nackchent, in jenen guten alten lausigen vergangenen Tagen, den Tagen, sollen wir sagen? von Wem sollen wir's sagen? während Kinderwärten ihrer Zwillingebett sorgten, danun standensie, die Sychomoren, sie alle vier, in ihren Viertagefiebern, der Majorchei, der Minorchei, der Bliebeso und der Fermentarianischen mit ihrem ballyhaurischen Bläubängel, Titranächt um Tetranoxsten, bei ihren Pussyecken, und die alterszeitigen Pallyollogossen, Roßhändelerqualtät spielend, mit Gus Walker, dem Grautier, und seinem armen alten treuen Spucketod, Esker, Neucsle, Saggard, Crumlin, ersähl mir, Esel, den Weg nach Wumblin. Folge mir lüpftliniert und du wirst humbeln, Esker, Neucsle, Saggard, Crumlin. Und lauschend. So auferfreulicht als Liebkind Kevin Mary (der einmal überbefehlshalber der Chorjungenbrigade sein würde in dem Moment da er aufwuchs unter all den Auspizien) irischmeilchelnd lächelte auf seine milchstrackße Weiße von Sahnetwöpchen und Onangenkwem und maschmischtem Memüse, ausgefürchtet als Bösbalg Jerry Godolphing (der sich eilte Kardinalsköchlein in einem Nachtobdach zu sein sobalg er kuriert genug war unfehl all den Hospitälern) seinen Rümpfelmüll festümmmethylter Geister runterruppelrunzelte, ick, und lemonkoholischer Lachen, ick, und zerstäubten Rhubarbarorums, icky;

Es folgt der Beischlaf in vier „Stellungen", bezeugt und beschrieben von den vier Alten in ihrer profansten Rolle als vier Bettpfosten. Die erste Fassung stammt von Matt, sie ist als Theater- oder wohl doch eher Filmskript gehalten:

A time.
  Act: dumbshow.
  Closeup. Leads.
  Man with nightcap, in bed, fore. Woman, with curlpins, hind. Discovered. Side point of view. First position of harmony. Say! Eh? Ha! Check action. Matt. Male partly masking female. Man looking round, beastly expression, fishy eyes, paralleliped homoplatts, ghazometron pondus, exhibits rage. Business. Ruddy blond, Armenian bole, black patch, beer wig, gross build, episcopalian, any age. Woman, sitting, looks at ceiling, haggish expression, peaky nose, trekant mouth, fithery wight, exhibits fear. Welshrabbit teint, Nubian shine, nasal fossette, turfy tuft, undersized, free kirk, no age. Closeup. Play!
  Callboy.   Cry off. Tabler. Her move.
  Footage.

By the sinewy forequarters of the mare Pocahontas and by the white shoulders of Finnuala you should have seen how that smart sallowlass just hopped a nanny's gambit out of bunk like old mother Mesopotomac and in eight and eight sixtyfour she was off, door, knightlamp with her, billy's largelimbs prodgering after to queen's lead. Promiscuous Omebound to Fiammelle la Diva. Huff! His move. Blackout.

(FW 559 f.)

Übersetzt:

Eine Zeit.
    Akt: Pantomime.
    Nahaufnahme. Hauptakteure.
    Mann mit Nachtmütze, im Bett, vorder. Frau, mit Lockennadeln, hinter. Entdeckt. Seitenperspektive. Erste Stellung der Harmonie. 'Zähl! Eh? Ha! Aktion überprüfen. Matt. Maskulinum teilweis Femininum maskierend. Mann um sich blickend, viehischer Ausdruck, fischige Augen, parallelipperden Homoplättern, Gräsometron pondus, stellt Raserei aus. Geschäfte. Rötlich blond, armenischer Ton, schwarzer Lappen, Bierperücker, grob Gebau, Episkopaler, jedeweden Alters. Frau, sitzend, sieht zur Decke rauf, vetteliger Ausdruck, gipflige Nase, trekanter Mund, fitterig Gewicht, stellt Furcht aus. Überbackener Toastteint, nubischer Glanze, Nasenfossette, Sodenschopf, untergrößig, freikirklich, keines Alters. Nahaufnahme. Spielt!
    Rufjunge.   Schrei außer. Tafleau. Ihr Bewegen.
    Rangehen.
    Bei den sehnigen Vordervierteln der Stute Pocahontas und bei den weißen Schultern Finnualas du hättest sehen sollen wie diese patente Balgeliebste grad ein Ammengambit aus der Koje hüpfte wie die alte Mutter Mesopotomac und in acht und acht vierundsechzig war sie davon, Tür, Machtlampe mit dabei, des Bullenknüppels Großgliedermaßen hinterher verstechelnd zur Königinnenführung. Promiskuös hängtfestelt an Fiamminella la Diva. Puhst! Sein Bewegen. Verdunklung.

Die zweite Stellung wird von Mark festgehalten:

Jeminy, what is the view which now takes up a second position of discordance, tell it please? Mark! You notice it in that rereway because the male entail partially eclipses the femecovert. It is so called for its discord the meseedo. Do you ever heard the story about Helius Croesus, that white and gold elephant in our zoopark? You astonish me by it. Is it not that we are commanding from fullback, woman permitting, a profusely fine birdseye view from beauhind this park? Finn his park has been much the admiration of all the stranger ones, grekish and romanos, who arrive to here. The straight road down the centre (see relief map) bisexes the park which is said to be the largest of his kind in the world. On the right prominence confronts you the handsome vinesregent's lodge while, turning to the other supreme piece of cheeks, exactly opposite, you are confounded by the equally handsome chief sacristary's residence. Around is a little amiably tufted and man is cheered when he bewonders through the boskage how the nature in all frisko is enlivened by gentlemen's seats.

(FW 564)

Übersetzt:

Jemini, welches ist die Aussicht, die nun eine zweite Stellung von Mißklang aufnimmt, erzähl's bitte? Märk! Du bemarkst es in jenem Ruckwegs weil das Männchen gewschinz partiell die Mitveranlagte verfinstert. Das wird so genannt seiner Dissonanz wegen das Müsüdu. Tust du je die Geschüchte über Helius Croesus gehört, jenen weißen und güldnen Elefanten in unserm Zoopark? Du erstaunst mich damit. Ist es nicht so, daß wir aus der Verteidigerposition, wenn das Weiberchen es zuläßt, über einen überragend prächtigen Vogelperspektivenblick von der Berückendseite dieses Parks gebieten? Finnens Park ist reichlich die Bewunderung aller Fremdlichen gewesen, Gräkischen und Romanos, die nach hier angelangen. Die schnurgerade Straße durchs Zentrum (siehe Reliefkarte) zexteilt den Park in zwei von welchem es heißt es sei der größte seiner Art in der Welt. Im rechten Vorderngrund konfrontiert dich die hübsche Witzekönnichssitz während du, wenn du dich dem anderen höchsten Stück Wangen zuwendest, von der ebenso hübschen Chefsakristärsbehausung konfusiert wirst. Drumrum ist ein kleinwenig liebenswürdig büschelflorig und mann ist bemuntert wenn er bewuntert durch das Gesträuchel wie die Natur in Allflitzko belebt wird von Herrensitzen.

Es folgt, als Version von Luke: „Dritte Stellung der Harmonie! Exzellente Sicht von vorn. Sidom. Weibchen unvollkommen Männchen maskierend." (FW 582: „Third position of concord! Excellent view from front. Sidome. Female imperfectly masking male.") Und dann zum Abschluß die Version von John:

But Jumbluffer, bagdad, sir, yond would be for a once over our all honoured christmastyde easteredman. Fourth position of solution. How johnny! Finest view from horizon. Tableau final. Two me see. Male and female unmask we hem. Begum by gunne! Who now broothes oldbrawn. Dawn! The nape of his nameshielder's scalp. Halp! After having drummed all he dun. Hun! Worked out to an inch of his core. More! Ring down. While the queenbee he stagger-horned blesses her bliss for to feel her funnyman's functions Tag. Rumbling.
 Tiers, tiers and tiers. Rounds.

(FW 590)

Übersetzt:

Aber Jamblaffer, vaddautz, Sir, drüb wär für'n Schnelldurchlauf über uns all honoriger christmettzeitiger Erstörmann. Vierte Stellung der Auflösung. Wie johnniglich! Prächtigste Sicht vom Horizont. Tableau final. Zwo mir seh. Mann und Frau entlarv wir sien. Begumme von dunne! Welcher nun atmütt altbrann. Dämmerdann! Der Nackens von seines Namensbeschirmers Skalp. Halp! Nachdem er gedunn allwas er gedrumm. Hunn! Ausgearbeit't bis auf Einzoll inch seim Corepus. Mehr! Ring runter. Während die Königinbient segnet er schwankehörnt ihre Seeligkeit zu fühlen ihres Witzelmanns funktionierend Tack. Rumpelnd.
 Trännen, trännen und trännen. Runden. Ab. Aus.

Unter dem Applaus („Ab. Aus.") gehen das Spiel, das Kapitel und das Menschenzeitalter zu Ende.

***Finnegans Wake* IV**
(FW 593-628)

Das Kapitel verfaßte Joyce zwischen März und Juli 1923 (hier nur einzelne Skizzen, von Joyce noch ohne Konzeption des Gesamtwerks geschrieben, bald vergessen, spät wiedergefunden und dann unter tiefgreifender Überarbeitung eingefügt) sowie hauptsächlich zwischen September und November 1938; es erschien erst in der Buchpublikation von *Finnegans Wake* im Mai 1939.

Dieses Schlußkapitel, das das komplette Buch IV von *Finnegans Wake* ausmacht, entwirft gemäß Vicos Geschichtsmodell das „Ricorso"-Übergangsstadium – ein Zyklus endet, alles schlägt zurück zum Anfang, von dem aus ein neuer Zyklus seinen Lauf nehmen wird. Auf einer Ebene, die näher an der Oberfläche des Textes liegt, geht die Nacht zu Ende, der Morgen graut. Nachdem noch zwei Geschichten aus früher Zeit erzählt sind – die erste dreht sich um den Heiligen Kevin, der eine Art Weihung mit heiligem Wasser vornimmt und damit einen neuen Wasserkreislauf initiiert; die zweite schildert die Begegnung des Heiligen Patrick mit einem Druiden namens Balkelly (gleichzeitig: Berkeley) –, wendet sich der Textfokus Anna Livia Plurabelle zu, der Personifizierung des Flusses Liffey, die im poetischen Schlußmonolog ihr Vergehen in der Irischen See und gleichzeitig ihre Hoffnung auf einen Neuanfang in Worte faßt:

> Home! My people were not their sort out beyond there so far as I can. For all the bold and bad and bleary they are blamed, the seahags. No! Nor for all our wild dances in all their wild din. I can seen meself among them, allaniuvia pulchrabelled. How she was handsome, the wild Amazia, when she would seize to my other breast! And what is she weird, haughty Niluna, that she will snatch from my ownest hair! For 'tis they are the stormies. Ho hang! Hang ho! And the clash of our cries till we spring to be free. Auravoles, they says, never heed of your name! But I'm loothing them that's here and all I lothe. Loonely in me loneness. For all their faults. I am passing out. O bitter ending! I'll slip away before they're up. They'll never see. Nor know. Nor miss me. And it's old and old it's sad and old it's sad and weary I go back to you, my cold father, my

cold mad father, my cold mad feary father, till the near sight of the mere size of him, the moyles and moyles of it, moananoaning, makes me seasilt saltsick and I rush, my only, into your arms. I see them rising! Save me from those therrble prongs! Two more. Onetwo moremens more. So. Avelaval. My leaves have drifted from me. All. But one clings still. I'll bear it on me. To remind me of. Lff! So soft this morning, ours. Yes. Carry me along, taddy, like you done through the toy fair! If I seen him bearing down on me now under whitespread wings like he'd come from Arkangels, I sink I'd die down over his feet, humbly dumbly, only to washup. Yes, tid. There's where. First. We pass through grass behush the bush to. Whish! A gull. Gulls. Far calls. Coming, far! End here. Us then. Finn, again! Take. Bussoftlhee, mememormee! Till thousendsthee. Lps. The keys to. Given! A way a lone a last a loved a long the

(FW 627 f.)

Übersetzung:

Heim! Meine Leute waren nicht ihre Aussorte jenseits von da so weit wie ich kann. An all den Müden und Harten und Verschwommenen sind sie schuld, die Seehexen. Nein! Noch an all unseren wilden Tänzen in all ihrem wilden Lärmen. Ich kann selbstmich zwischen ihnen sehen, allanieu via gepulchrabellt. Wie sie bildhübsch war, die wilde Amaschöne, als sie zu meiner andern Brust aufzurücken pflockte! Und was ist sie wehrt, horchmütige Niluna, daß sie von meinem Eigensten das Härige erhaschen wird! Denn 's ist so sie sind die Stürmichen. Ho hänge! Hänge Hoch! Und das Geklirre unsres Gekreisches bis wir entspringen um frei zu sein. Auravoles, so sagen sie, nie von deinem Namen gehorcht. Doch ich verleere sie die hier und alles erlor ich. Einersamm in Lassenheit mein. Für all ihre Fehler. Ich entfleuße. O bittres Ende! Ich entschlüpfe bevor sie auf sind. Sie werden's nie sehen. Noch wissen. Noch mich vermissen. Und's ist trübe und trübe es ist bejahrt und trübe es ist bejahrt und benommen und geh zurück zu dir, mein kühler Vater, mein kühler vernarrter Vater, mein kühler vernarrter beklommener Vater, bis das dichte Angesicht seines schlichten Ausgehmaßes, dieser Moylen um Moylen, rumornunmurrnd, mich seetang macht salzkrang und ich mich stürze, mein einzigs, in deine

Arme. Ich seh sie aufgehen! Rette mich vor diesen trrüblchtn Zinken! Zweie mehr noch. Einzwei Mehrmännte noch. Also. Avelaval. Meine Blätter sind mir entflossen. Alle. Nur eines hält noch. Ich wird's an mir tragen. Mich zu erinnern an. Lff! So sanft diesen Morgen, unser. Ja. Trag mich mit dir, Vataddy, wie du's getan über den Spielzeugmarkt! Wenn ich ihn nun zu mir hätte herunterschnellen sehen unter weißgespreizten Flügeln als käme er von Archengeln, ich würde sinkerlich über seinen Füßen niedersiechen, humpeldumpelnd, nur um aufzuwäschen. Ja, Tid. Da ist's wo. Zuerst. Durchfahren wir Gras hohusch den Busch umzu. Whinsch! Eine Möwe. Möwen. Fern Rufen. Im Kommen, fern! Enden hier. Wir dann. Finn, fangan! Er macht's. Abbasamtseidsanft, vergüßt memeimemamomich! Bis tusendirsja. Lppn. Die Schlüssel zum. Gegeben! Ein Weg ein samer ein letzter ein liebster entlang der

James Joyce über *Finnegans Wake*

Selbstaussagen in chronologischer Folge

Sommer 1922, zu Harriet Shaw Weaver auf die Frage, was er als nächstes schreiben werde: „Ich glaube [...] ich werde eine Geschichte der Welt schreiben"[1].

11. März 1923, an Harriet Shaw Weaver: „Gestern habe ich zwei Seiten geschrieben – das erste, was ich seit dem abschließenden *Ja* von *Ulysses* schrieb."[2]

2. August 1923, an Harriet Shaw Weaver: „Ich schicke Ihnen dies wie versprochen – ein Stück, das die Bekehrung Irlands durch St. Patrick beschreibt."[3]

9. Oktober 1923, an Harriet Shaw Weaver: „Ich arbeite so viel ich kann, weil dies keine Fragmente, sondern lebendige Elemente sind, und wenn mehr hinzukommen und sie ein bißchen älter sind, werden sie sich von selbst ineinanderfügen."[4]

7. März 1924, an Harriet Shaw Weaver über das Kapitel „Anna Livia Plurabelle": „Es ist ein geschwätziger Dialog zweier Waschfrauen quer über den Fluß hin, die bei Anbruch der Nacht zu einem Baum und einem Stein werden. Der Fluß heißt Anna Liffey."[5]

Um 1924, zu August Suter: „Ich komme mir wie ein Ingenieur vor, der von zwei Seiten einen Berg durchbohrt. Wenn meine Berechnungen stimmen, müssen wir uns in der Mitte treffen. Wenn nicht..."[6]

24. April 1924, an Lily Bollach: „ich habe durch Überarbeitung einen ziemlich schlimmen Nervenzusammenbruch gehabt."[7]

---

[1] Jane Lidderdale & Mary Nicholson, *Liebe Miss Weaver. Ein Leben für Joyce* (Frankfurt a.M.: Insel 1974), S. 214.

[2] James Joyce, *Briefe II*, hg. v. Richard Ellmann, üb. v. Kurt Heinrich Hansen (Frankfurt a.M.: Suhrkamp 1970), S. 931.

[3] Ebd., S. 950.

[4] Ebd., S. 953.

[5] Ebd., S. 972.

[6] Frank Budgen, *James Joyce und die Entstehung des „Ulysses"*, üb. v. Werner Morlang (Frankfurt a.M.: Suhrkamp 1977), S. 370.

[7] Joyce, *Briefe II*, a.a.O., S. 977.

24. Mai 1924, an Harriet Shaw Weaver über die Shaun-Kapitel III.1 und III.2: „die Beschreibung eines Briefträgers, der rückwärts in der Nacht durch die bereits erzählten Ereignisse reist. Es ist in der Form einer via crucis in 14 Stationen geschrieben, aber in Wirklichkeit ist es nur ein Faß, das den Fluß Liffey hinuntertreibt."[8]

17. Januar 1925, an Harriet Shaw Weaver über Giordano Bruno: „Seine Philosophie ist eine Art Dualismus – jede Kraft in der Natur muß ihr Gegenteil entwickeln, um sich selbst zu entwickeln, und Gegensätzlichkeit führt zu Wiedervereinigung etc. etc."[9]

29. August 1925, an Harriet Shaw Weaver über das Kapitel III.4: „Ich weiß, daß Λd über Wege sein soll, alles über Dämmerung und Wege"[10].

20. Januar 1926, an Harriet Shaw Weaver über seine Augenprobleme, die an Erblindung grenzen: „Und ich bin völlig deprimiert. Ich möchte etwas arbeiten, aber mein Zustand läßt es nicht dazu kommen."[11]

24. September 1926, an Harriet Shaw Weaver: „Mir ist eine recht komische Idee gekommen, daß Sie ein Stück bei mir ‚bestellen' könnten und ich es dann ausführen würde."[12]

1926 oder später zu Eugene Jolas: „Ich hätte diese Geschichte leicht auf traditionelle Weise schreiben können. Jeder Romancier kennt das Rezept. Es ist nicht schwierig, einem einfachen, chronologischen Schema zu folgen, das die Kritiker verstehen. Aber schließlich versuche ich, die Geschichte dieser Chapelizoder Familie auf neue Art zu erzählen. Die Zeit und der Fluß und der Berg sind die wirklichen Helden meines Buches. Doch die Elemente sind dieselben, die jeder Romancier benutzen kann: Mann und Frau, Geburt, Kindheit, Nacht, Schlaf, Ehe, Gebet, Tod. Es ist nichts Paradoxes daran. Ich versuche nur, viele Erzählebenen aus einer einzigen ästhetischen Absicht heraus aufzubauen. Haben Sie Laurence Sterne je gelesen?"[13]

---

[8] Ebd., S. 977.

[9] Ebd., S. 1020.

[10] Ebd., S. 1041.

[11] Ebd., S. 1059.

[12] Ebd., S. 1078.

[13] Richard Ellmann, *James Joyce*, revidierte und ergänzte Ausgabe, üb. v. Albert W. Hess, Klaus u. Karl H. Reichert, ergänzt v. Claudia Bodmer (Frankfurt a.M.: Suhrkamp 1994), S. 819.

24. November 1926, an Harriet Shaw Weaver: „Ein großer Teil jeglicher menschlicher Existenz vollzieht sich in einem Zustand, der nicht durch hellwache Sprache, trockennüchterne Grammatik und vorantreibende Handlung wahrnehmbar gemacht werden kann."[14]

1. Februar 1927, an Harriet Shaw Weaver: „Gefällt Ihnen gar nichts von dem, was ich schreibe. [...] Ich bin darüber ziemlich entmutigt, mitten in diesem weitläufigen und schwierigen Unternehmen, bei dem ich Ermutigung brauche."[15]

1927, zu William Bird: „Über mein neues Werk – wissen Sie, Bird, gestehe ich, daß ich einige meiner Kritiker, wie Pound und Harriet Weaver zum Beispiel, nicht verstehen kann. Sie sagen, es sei *dunkel*. Sie vergleichen es natürlich mit dem *Ulysses*. Aber die Handlung des *Ulysses* spielte sich hauptsächlich bei Tag ab, und die Handlung meines neuen Werkes spielt in der Nacht. Es ist doch ganz natürlich, daß nachts alles nicht so klar ist, oder nicht?"[16]

12. Mai 1927, an Harriet Shaw Weaver: „Ich lege jedenfalls meine Feder nieder, und wenn ich jemanden wüßte, der die Geduld und den Wunsch und die Kraft hätte, Teil II in der angedeuteten Weise weiterzuschreiben, dann würde ich wohl auch meinen Stuhl freimachen und in ein paar Jahren zurückkommen, um kurz anzudeuten, wie Teil IV geschrieben zu werden hätte. Aber wer käme dafür in Betracht?"[17]

20. Mai 1927, an Harriet Shaw Weaver über James Stephens: „Wenn er bereit wäre, auf drei oder vier Punkte zu achten, die ich für wesentlich halte, und ich ihm die Fäden an die Hand gäbe, könnte er das Geplante zu Ende führen. JJ und S (wie man in Irland umgangssprachlich John Jameson and Son's Dubliner Whisky bezeichnet) wäre eine hübsche Signatur unter dem Titel. Mir wäre damit eine große Last von der Seele genommen."[18]

---

[14]   Joyce, *Briefe II*, a.a.O., S. 1087.
[15]   Ebd., S. 1093.
[16]   Ellmann, *James Joyce*, a.a.O., S. 872.
[17]   Joyce, *Briefe II*, a.a.O., S. 1110.
[18]   Ebd., S. 1112 f.

14. August 1927, an Harriet Shaw Weaver: „Ich spüre immer deutlicher die
Feindschaft und Entrüstung, die man meinem Experiment, ‚die
dunkle Nacht der Seele' zu interpretieren, entgegenbringt."[19]

8. Oktober 1927, an Harriet Shaw Weaver über das Kapitel „Anna Livia
Plurabelle": „Ich arbeite sehr hart an der endgültigen Fassung von
Δ, auf die ich alles setze."[20]

28. Oktober 1927, an Harriet Shaw Weaver über „Anna Livia Plurabelle":
„Hunderte von Flußnamen sind in den Text verwoben. Ich glaube,
er fließt."[21]

1927 oder später zu Padraic Colum: „Natürlich nehme ich Vicos Spekula-
tionen nicht wörtlich [...] sondern verwende sie als Gitterwerk."[22]

Um 1928, zu Dr. Sarsfield Kerrigan über „Anna Livia Plurabelle": „Es ist
ein Versuch, Worte dem Rhythmus des Wassers unterzuordnen."[23]

26. Januar 1929, an Stanislaus Joyce: „Mit meiner Lesefähigkeit scheint es
zu Ende zu sein, aber man hat mir gesagt, daß beide Augen noch
einmal operiert werden müßten. Das wäre Operation neun und
zehn."[24]

18. März 1930, an Harriet Shaw Weaver: „Wenn ich mit der Arbeit aufhöre,
hat es wohl für mich wenig Sinn, weiter in Paris zu bleiben."[25]

Um 1930, anläßlich des Versuchs, „Anna Livia Plurabelle" ins Französische
zu übersetzen: „Es gibt nichts, was man nicht übersetzen könnte"[26].

1930, zu Adolf Hoffmeister: „‚Work in Progress' kann mehr Leser befrie-
digen als irgendein anderes Buch, weil es ihnen Gelegenheit bietet,
beim Lesen ihre eigenen Ideen zu nutzen. Manche Leser werden an
der Erforschung von Wörtern interessiert sein, am Spiel der Tech-
nik, am philologischen Experiment in jeder poetischen Einheit.

---

[19]   Ebd., S. 1127.

[20]   Ebd., S. 1129.

[21]   Ebd., S. 1131.

[22]   Mary & Padraic Colum, *Unser Freund James Joyce*, üb. v. Klaus Pemsel
(Stuttgart: Oktaven 2018), S. 148.

[23]   Ellmann, *James Joyce*, a.a.O., S. 833.

[24]   Joyce, *Briefe II*, a.a.O., S. 1178.

[25]   Ebd., S. 1206.

[26]   Ellmann, *James Joyce*, a.a.O., S. 931.

Jedes Wort besitzt den Zauber eines lebenden Wesens, und jedes lebende Wesen ist plastisch."[27]

1930, zu Adolf Hoffmeister: „‚Work in Progress' besitzt eine Aussagekraft, die über die Wirklichkeit hinaus geht; es transzendiert Menschen, Dinge, Sinne und dringt ins Reich vollkommener Abstraktion vor. Anna und Humphrey sind gleichzeitig die Stadt und ihre Gründer, der Fluß und der Berg, ebenso die beiden Geschlechtsorgane; es herrscht nicht einmal eine chronologische Ordnung des Geschehens. Es ist ein simultanes Geschehen, dargestellt durch die kreisförmige Konstruktion des Romans, wie Elliot Paul sehr richtig herausgestellt hat. Überall, wo das Buch beginnt, endet es auch."[28]

22. November 1930, an Harriet Shaw Weaver über Kapitel II.1: „Als Schema liegt dem Stück, das ich Ihnen schickte, ein Spiel zugrunde, das wir gewöhnlich Engel und Teufel oder Farben nannten. Die Engel, Mädchen, gruppieren sich hinter dem Engel Shawn, und der Teufel muß dreimal kommen und nach einer Farbe fragen. Hat ein Mädchen die Farbe, nach der er fragt, gewählt, dann muß sie weglaufen und er versucht sie zu fangen. In dem, was ich bis jetzt geschrieben habe, ist er zweimal gekommen und zweimal genarrt worden. Das Stück steckt voller Verse aus englischen Liederspielen. Als er zum ersten Mal genarrt wird, denkt er rachsüchtig daran, Erpresserbriefe über seinen Vater, seine Mutter etc. etc. etc. zu veröffentlichen. Beim zweiten Mal schweift er ab in sentimentale Poesie, wie ich sie wirklich mit neun Jahren geschrieben habe: [...] Dies wird unterbrochen von heftigen Zahnschmerzen, woraufhin er einen Zornausbruch kriegt. Als er zum zweiten Mal genarrt wird, singen die Mädchenengel um Shawn herum eine Befreiungshymne. [... Edgar Quinet] sagt, daß die wilden Blumen auf den Ruinen von Karthago, Numantia etc. Aufstieg und Niedergang von Imperien überlebten."[29]

---

[27] Übersetzt aus Willard Potts (Hg.), *Portraits of the Artist in Exile. Recollections of James Joyce by Europeans* (Dublin: Wolfhound Press 1979), S. 131.

[28] Ebd.

[29] Joyce, *Briefe II*, a.a.O., S. 1215.

16. Februar 1931, an Harriet Shaw Weaver: „Ich habe vier Fünftel meiner Bücher weggegeben und nur Wörterbücher und Nachschlagewerke behalten. [...] Ich versuche auch, Abschnitt I von Teil II abzuschließen, aber es scheint eine Unmenge Lektüre nötig, bevor meine alte Flugmaschine sich wieder brummend vom Boden erhebt."[30]

17. Januar 1932, an Harriet Shaw Weaver: „Ich denke daran, die Arbeit ganz aufzugeben und die Sache unbeendet und lückenhaft zu lassen, wie sie ist. Sorgen und Eifersüchteleien und meine eigenen Fehler."[31]

17. Dezember 1933, an Harriet Shaw Weaver über FW 260-275, 304-308: „Und doch ist das, was ich zu schreiben versuche, das Absurdeste, Komischste im ganzen Buch."[32]

1. Mai 1935, an Harriet Shaw Weaver: „gibt es jetzt Momente und Stunden, in denen ich nichts als Wut und Verzweiflung im Herzen habe, die Wut und Verzweiflung eines Blinden."[33]

1935 oder später, zu Jacques Mercanton: „Ich weiss nicht, ob Vicos Theorie richtig ist. Das bedeutet mir auch wenig. Sie ist mir nützlich, und damit basta."[34]

1935 oder später, zu Jacques Mercanton: „Ist es nicht eigenwillig, mehr als vierzig Sprachen, die ich nicht beherrsche, zu benutzen, um dem Traum Ausdruck zu verleihen? [...] Und dennoch ist dies eine logische, objektive Art und Weise, einen tiefsitzenden Konflikt, einen unlösbaren Antagonismus auszudrücken."[35]

1935 oder später, zu Jacques Mercanton: „Warum meinem Talent nachtrauern? Ich habe keines. Ich schreibe so langsam und mit so viel Mühe. Der Zufall liefert mir, was ich brauche. Ich bin wie jemand, der stolpert: Mein Fuss stösst an etwas an, ich bücke mich, und vor mir liegt genau das, was ich suchte."[36]

---

[30] Ebd., S. 1240.

[31] James Joyce, *Briefe III*, hg. v. Richard Ellmann, üb. v. Kurt Heinrich Hansen (Frankfurt a.M.: Suhrkamp 1974), S. 1280.

[32] Ebd., S. 1437.

[33] Ebd., S. 1484.

[34] Jacques Mercanton, *Die Stunden des James Joyce*, üb. v. Markus Hediger (Basel: Lenos 1993), S. 15.

[35] Ebd., S. 26.

[36] Ebd., S. 27.

1936, zu Ole Vinding: „Seit 1922 ist mein Buch mir wirklicher geworden als die Realität, und alles hat dazu beigetragen; alle anderen Dinge waren unüberwindliche Schwierigkeiten, selbst kleinste Realitäten wie zum Beispiel das Rasieren am Morgen. Es gibt sozusagen keine individuellen Menschen in dem Buch – es bewegt sich in einem Traum, der Stil ist gleitend und unwirklich, wie es in Träumen der Fall ist. Sollte man von einer Person in dem Buch sprechen, müßte es ein alter Mann sein, aber selbst sein Verhältnis zur Realität ist zweifelhaft."[37]

6. August 1937, an Constantine Curran: „Ich versuche, mein wip fertigzumachen (ich arbeite, wie mir scheint, 16 Stunden am Tag), und wenn es sich irgend machen läßt, möchte ich mich mit meinen Landsleuten zumindest vor Beendigung dieser Arbeit nicht einlassen."[38]

9. September 1937, an Frank Budgen über einen bestimmten Teil des Phoenix-Parks in Dublin: „Die Begegnung zwischen meinem Vater und einem Herumstreicher (die Basis meines Buches) hat tatsächlich in jenem Teil des Parks stattgefunden."[39]

16. Juni 1938, an Daniel Brody: „Mein Buch – an dem ich den ganzen Tag und obendrein die ganze Nacht arbeite –"[40].

8. September 1938, an Louis Gillet in einer Schilderung diverser privater und öffentlicher Katastrophen: „Dies sind also die heiteren Umstände, unter denen ich meine nokturne Komödie beende."[41]

11. Oktober 1938, in deutscher Sprache an Georg Goyert: „*Work in Progress* – pfui! – ist beinahe geendet. Ich auch. Seit letzen Oktober arbeite ich daran wie ein Maultier den ganzen Tag durch und fast die ganze Nacht."[42]

18. November 1938, an Paul Ruggiero: „Ich habe mein Buch beendet. [...] Hurra! Ich habe dieses vermaledeite Buch beendet."[43]

---

[37] Übersetzt aus Potts (Hg.), *Portraits of the Artist in Exile*, a.a.O., S. 149.

[38] Joyce, *Briefe III*, a.a.O., S. 1571.

[39] Ebd., S. 1578.

[40] Ebd., S. 1601.

[41] Ebd., S. 1605.

[42] Ebd., S. 1611.

[43] Ebd., S. 1612.

20. August 1939, an Frank Budgen über FW 611-613: „Weit mehr ist beabsichtigt mit dem Gespräch zwischen Berkeley, dem Erzdruiden, mit seinem Pidgin-Englisch und Patrick, dem Erzpriester, mit seinem Nippon-Englisch. Es ist zugleich Verteidigung und Anklage des Buches selbst, B's Farbentheorie und Patricks praktische Lösung des Problems."[44]

August 1939, zu Jacques Mercanton: „Man soll Polen in Ruhe lassen und sich lieber *Finnegans Wake* widmen!"[45]

14. März 1940, an Fritz Vanderpyl: „es ist doch sonderbar, wie sich nach der Veröffentlichung meines Buches (dessen Titel gleichzeitig die Totenwache und das Erwachen von Finn, unserem legendären keltisch-nordischen Helden, bedeutet) Finnland, bis dahin ein unbekanntes Land, plötzlich im Mittelpunkt des Interesses befindet, einmal durch die Verleihung des Nobelpreises für Literatur an einen finnischen Schriftsteller und gleich hinterher durch den russisch-finnischen Krieg. Kurz vor Ausbruch der Feindseligkeiten habe ich aus Helsinki einen seltsamen Kommentar zu diesem Thema bekommen."[46]

---

[44] Ebd., S. 1628.

[45] Mercanton, *Die Stunden des James Joyce*, a.a.O., S. 111.

[46] Joyce, *Briefe III*, a.a.O., S. 1650.

Themenbibliographie *Finnegans Wake*
für die deutschsprachige Leserschaft

1.   Deutsche Übersetzungen

Harald Beck: Übersetzung von FW 3-5. In: *Bargfelder Bote* Lfg. 104-106 (Juli 1986), S. 44 f.

Harald Beck: Übersetzung von FW 5-7. In: *Bargfelder Bote* Lfg. 110-112 (Januar 1987), S. 54 f.

Harald Beck: Übersetzung von FW 3-11. In: Reichert u. Senn (Hg.), *Finnegans Wake Deutsch*, S. 27-34.

Ulrich Blumenbach u. Reinhard Markner: Übersetzung von FW 619-628. In: Reichert u. Senn (Hg.), *Finnegans Wake Deutsch*, S. 262-270.

Ulrich Blumenbach u. Reinhard Markner: Übersetzung von FW 593-628. 1988-91; unveröffentlicht.

Christian Enzensberger et alii: „Aus ‚Gluggs Confession‘. *Finnegans Wake* 241.1-26." In: *Protokolle* 1 (1985), S. 103-106. (Mitübersetzer: Nikolaus Dohmen, Elisabeth Dorner, Carl Freytag, Frank Gebhardt, Mary Ellen McLaughlin, Claus Melchior, Marnie Philips, Gertrud Schreyer.)

Erich Fried: „Werkstatt *Finnegans Wake*. 4. My Remembrandts. Erich Fried übersetzt aus dem Roman von James Joyce." Norddeutscher Rundfunk, 18. April 1978, unveröffentlichtes Sendeskript. (Übersetzung von FW 403-404 mit ausführlichem Kommentar.)

Erich Fried: „Eine Übersetzung aus *Finnegans Wake*." In: *Protokolle* 1 (1985), S. 107-120. (Übersetzung von FW 403-404 mit ausführlichem Kommentar.)

Wilhelm Füger (Üb.): „*Finnegans Wake* (German)." In: *James Joyce Broadsheet* 12 (Oktober 1983), S. 3. (Übersetzung von FW 4-5.)

Georg Goyert (Üb.): „Anna Livia Plurabelle." In: *Die Fähre* I.6 (1946), S. 337-340. (Übersetzung von FW 196-198, 213-216.)

Georg Goyert (Üb.): „Anna Livia Plurabelle." In: James Joyce: *Anna Livia Plurabelle*. Hg. v. Klaus Reichert. Frankfurt a.M.: Suhrkamp 1970 (Taschenbuchnachdruck: 1982), S. 141-164. (Übersetzung der frühen Fassung von FW 196-216.)

Georg Goyert (Üb.): „Anna Livia Plurabelle." In: Reichert u. Senn (Hg.), *Finnegans Wake Deutsch*, S. 159-177. (Übersetzung der frühen Fassung von FW 196-216.)

Peter von Haselberg: „Werkstatt *Finnegans Wake*. 5. Pass-Patt-Staff-Wolff-Havv und Bluvv. Das chaotische Schlußkapitel von *Finnegans Wake*. Übersetzt und interpretiert von Peter von Haselberg." Norddeutscher Rundfunk, 11. Juli 1978, unveröffentlichtes Sendeskript. (Übersetzung von FW 593 mit ausführlichem Kommentar.)

Uwe Herms: „Werkstatt *Finnegans Wake*. II. It's Phoenix, dear. Uwe Herms übersetzt aus dem Roman von James Joyce." Norddeutscher Rund-funk, 13. Dezember 1977, unveröffentlichtes Sendeskript. (Kurze Übersetzungen von den Seiten FW 17, 18, 66 und 68 mit ausführli-chem Kommentar.)

Uwe Herms: „‚It's Phoenix, dear!' Übersetzungen aus *Finnegans Wake*." In: *Protokolle* 1 (1985), S. 121-135. (Kurze Übersetzungen von den Seiten FW 17, 18, 66 und 68 mit ausführlichem Kommentar.)

Wolfgang Hildesheimer: „Übersetzung und Interpretation einer Passage aus *Finnegans Wake* von James Joyce." In: ders.: *Interpretationen. James Joyce – Georg Büchner. Zwei Frankfurter Vorlesungen*. Frankfurt a.M.: Suhrkamp 1969, S. 5-29. (Übersetzung von FW 196-197.)

Wolfgang Hildesheimer (Üb.): „Anna Livia Plurabelle." In: James Joyce: *Anna Livia Plurabelle*. Hg. v. Klaus Reichert. Frankfurt a.M.: Suhr-kamp 1970 (Taschenbuchnachdruck: 1982), S. 65-97. (Nachdruck in: James Joyce: *Gesammelte Gedichte / Anna Livia Plurabelle*. Frankfurt a.M.: Suhrkamp 1981, S. 231-277.) (Übersetzung von FW 196-216.)

Wolfgang Hildesheimer (Üb.): „Anna Livia Plurabelle." In: Reichert u. Senn (Hg.), *Finnegans Wake Deutsch*, S. 178-197. (Übersetzung von FW 196-216.)

Klaus Hofmann, Birgit König, Peter Otto, Klaus Reichert, Elisabeth Ruge, Reinhard Schäfer, Rüdiger Thonius u. Dirk Vanderbeke unter Mitarbeit v. Sigrid Altdorf, Georgia Herlt u. Rainer Schnabel (Üb.): „Shem the Penman." In: Reichert u. Senn (Hg.), *Finnegans Wake Deutsch*, S. 132-158. (Übersetzung von FW 169-195.)

Ingeborg Horn (Üb.): „Schem, Schaun: Quisquiquock." In: Reichert u. Senn (Hg.), *Finnegans Wake Deutsch*, S. 73-115. (Übersetzung von FW 126-168.)

Kurt Jauslin: Übersetzung von FW 3-5. In: Reichert u. Senn (Hg.), *Finnegans Wake Deutsch*, S. 36-38.

Guido G. Meister: Übersetzung von FW 627-628. In: Jean Paris: *James Joyce in Selbstzeugnissen und Bilddokumenten*. Hamburg: Rowohlt 1960, S. 156.

Friedhelm Rathjen: Übersetzung von FW 3. In: Reichert u. Senn (Hg.), *Finnegans Wake Deutsch*, S. 44.

Friedhelm Rathjen (Üb.): „Humphrey Chimpden Earwicker." In: Reichert u. Senn (Hg.), *Finnegans Wake Deutsch*, S. 45-63. (Übersetzung von FW 30-47.)

Friedhelm Rathjen (Üb.): „Der Mauchs und Der Traufen." In: Reichert u. Senn (Hg.), *Finnegans Wake Deutsch*, S. 142-131. (Übersetzung von FW 152-159.)

Friedhelm Rathjen (Üb.): „Mamalujo." In: Reichert u. Senn (Hg.), *Finnegans Wake Deutsch*, S. 220-237. (Übersetzung von FW 383-399.)

Friedhelm Rathjen (Üb.): „Der Aumvaise und der Gnadshoffer." In: Reichert u. Senn (Hg.), *Finnegans Wake Deutsch*, S. 256-261. (Übersetzung von FW 414-419.)

Friedhelm Rathjen: Übersetzung von FW 627-628. In: Reichert u. Senn (Hg.), *Finnegans Wake Deutsch*, S. 275.

Friedhelm Rathjen (Üb.): „Die Alimente der Gehomantie." In: *Schreibheft. Zeitschrift für Literatur* 39 (Mai 1992), S. 3-8. (Übersetzung von FW 282-287.)

Friedhelm Rathjen (Üb.): *Der Mauchs und Der Traufen (The Mookse and The Gripes). Eine Fabel aus Finnegans Wake*. Unterreit: Antinous Presse 1995. (Übersetzung von FW 152-159.)

Friedhelm Rathjen: Übersetzungssplitter in: Anthony Burgess: *Joyce für Jedermann. Eine Einführung in das Werk von James Joyce für den einfachen Leser*. Frankfurt a.M.: Frankfurter Verlagsanstalt 1994. (Taschenbuchnachdruck Frankfurt a.M.: Suhrkamp 2004.)

Friedhelm Rathjen (Üb.): „Whas war dhaas? Bettszene, erste Stellung (*Finnegans Wake*; III.iv)." In: *Griffel. Magazin für Literatur und Kritik* 1 (Juni 1995), S. 69-76. (Übersetzung von FW 555-563.)

Friedhelm Rathjen (Üb.): „Der Mauchs und Der Traufen." / „Die verdreckteste Sacke die jemals hörbetrüben ward." / „Der Aumvaise und der Gnadshoffer." In: James Joyce: *Geschichten von Shem und Shaun*. Berlin: Suhrkamp 2012, S. 7-23 / 25-75 / 77-87. (Übersetzungen von FW 152-159, 282-304, 414-419.)

Friedhelm Rathjen: Übersetzungen in: James Joyce: *Winnegans Fake. Aus dem Spätwerk*. Südwesthörn: Edition Rejoyce 2012. (Komplett- oder Ausschnittübersetzungen von FW 3, 6, 11-13, 22-29, 30-47, 58, 92-93., 102-103, 104-111, 219-224, 229, 250, 257-259, 260-262, 276, 307-308, 316, 336-337, 342, 353, 371-382, 383-399, 410-412, 420-428, 433-440, 448-473, 483-527, 531-540, 555-563, 564-590, 627-628.)

Friedhelm Rathjen: Übersetzungen von Frühfassungen von FW 383-399. In: James Joyce: *Mamalujo. Drei Fassungen eines Kapitels aus „Finnegans Wake"*. Südwesthörn: Edition ReJoyce 2014.

Friedhelm Rathjen: Übersetzungen von Frühfassungen von FW 45-63. In: James Joyce: *Earwicker. Fünf Fassungen eines Kapitels aus „Finnegans Wake"*. Südwesthörn: Edition ReJoyce 2015.

Friedhelm Rathjen: Übersetzungen aus der Vor- und Frühzeit von *Finnegans Wake*. In: James Joyce: *Finn's Hotel*. Hg. v. Danis Rose. Mit einer Einführung v. Seamus Deane. Berlin: Suhrkamp 2014.

Klaus Reichert u. Fritz Senn (Hg.): *Finnegans Wake Deutsch. Gesammelte Annäherungen*. Frankfurt a.M.: Suhrkamp 1989. (Enthält Teilübersetzungen von Harald Beck, Ulrich Blumenbach u. Reinhard Markner, Georg Goyert, Wolfgang Hildesheimer, Klaus Hofmann et alii, Ingeborg Horn, Kurt Jauslin, Friedhelm Rathjen, Klaus Reichert, Arno Schmidt, Wolfgang Schrödter, Helmut Stoltefuß, Dieter H. Stündel, Robert Weninger, Hans Wollschläger.)

Klaus Reichert: Übersetzung von FW 619-620, 626-628. In: Reichert u. Senn (Hg.), *Finnegans Wake Deutsch*, S. 271-273.

Klaus Reichert: „Soft Morning, City." In: ders.: *Vielfacher Schriftsinn. Zu Finnegans Wake*. Frankfurt a.M.: Suhrkamp 1989, S. 52-69.

(Übersetzung von FW 619-620, 626-628 mit ausführlichem Kommentar.)

Klaus Reichert (Üb.): „Aus Anna Livias Monolog in *Finnegans Wake*." In: Horst Meller u. Klaus Reichert (Hg.): *Englische Dichtung. Von R. Browning bis Heaney.* (= *Englische und amerikanische Dichtung*, Bd. III.) München: Beck 2000 (Taschenbuchnachdruck München: Deutscher Taschenbuch Verlag 2001), S. 187-191. (Übersetzung von FW 619-620, 626-628.)

Arno Schmidt: „Der Triton mit dem Sonnenschirm (Überlegungen zu einer Lesbarmachung von *Finnegans Wake*." In: ders.: *Der Triton mit dem Sonnenschirm. Großbritannische Gemütsergetzungen.* Karlsruhe: Stahlberg 1969, S. 292-320. (Nachdruck des Aufsatzes in: ders.: *Nachrichten aus dem Leben eines Lords. 6 Nachtprogramme.* Frankfurt a.M.: Fischer 1975, S. 292-320. Sowie in: ders.: *Dialoge 3.* Bargfelder Ausgabe, Bd. II/3. Zürich: Haffmans 1991, S. 313-333.) (Übersetzungen von FW 63-64, 175, 182-184, 244-245, 259, 403-406 mit ausführlichen Kommentaren.)

Arno Schmidt (Üb.): „James Joyce: *Finnegans Wake.* Übersetzung ins Deutsche sowie Anmerkungen und Nachwort von Arno Schmidt." Faksimiliertes Fragment. Beilage zu *Arno Schmidts Arbeitsexemplar von Finnegans Wake by James Joyce.* Zürich: Haffmans 1984. Nachdruck in: Reichert u. Senn (Hg.) *Finnegans Wake Deutsch*, S. 276-319. (Übersetzungen von FW 30-31, 39, 63-64, 142, 166-167, 175, 182-184, 244-245, 259, 308, 403-406.)

Klaus J. Schönmetzler (Üb.): „... *ein sitzam Saeculi Phönis". Sechs deutsche Annäherungen an Finnegans Wake von James Joyce.* Bad Aibling: Privatdruck 1987. (Übersetzungen von FW 3-7, 152-159, 169-175, 383-384, 605-606, 626-628.)

Wolfgang Schrödter: Übersetzung von FW 3-4. In: Reichert u. Senn (Hg.), *Finnegans Wake Deutsch*, S. 39-43.

Fritz Senn: Übersetzungssplitter in: Richard Ellmann: *James Joyce.* Zürich: Rhein-Verlag 1961. (Taschenbuch Frankfurt a.M.: Suhrkamp 1978; veränderte Neuausgabe Frankfurt a.M.: Suhrkamp 1994.)

Fritz Senn: „Werkstatt *Finnegans Wake.* 6. Ex malo comes mickelmassed bonum. Fritz Senn übersetzt aus dem Roman von James Joyce."

Norddeutscher Rundfunk, 28. November 1978, unveröffentlichtes Sendeskript. (Übersetzung von FW 176-177 mit ausführlichem Kommentar.)

Ulrich Sonnemann: „Werkstatt *Finnegans Wake*. 3. Das Finneganswunder oder Die Ausgießung des Heiligen Geistes. Ulrich Sonnemann übersetzt aus dem Roman von James Joyce." Norddeutscher Rundfunk, 28. Februar 1978, unveröffentlichtes Sendeskript. (Übersetzung von FW 429-430 und 431 mit ausführlichem Kommentar.)

Ulrich Sonnemann: „Das Finneganwunder, oder Die Ausgießung des Heiligen Geistes. Zwei Absätze aus *Finnegans Wake*. Kommentierter Übersetzungsversuch." In: ders.: *Müllberge des Vergessens. Elf Einsprüche*. Hg. v. Paul Fiebig. Stuttgart: Metzler 1995, S. 63-78. (Übersetzung von FW 429-430 und 431 mit ausführlichem Kommentar.)

Helmut Stoltefuß (Üb.): „Humphrey Chimpden Earwicker." In: Reichert u. Senn (Hg.), *Finnegans Wake Deutsch*, S. 64-72. (Übersetzung von FW 30-47.)

Dieter H. Stündel (Üb.): „Mamalujo." In: Reichert u. Senn (Hg.), *Finnegans Wake Deutsch*, S. 238-255. (Übersetzung von FW 383-399.)

Dieter H. Stündel: Übersetzung von FW 619-620, 628. In: Reichert u. Senn (Hg.), *Finnegans Wake Deutsch*, S. 274.

Dieter H. Stündel (Üb.): „Finnegans Wehg. Kainnäh ÜbelSätzZung des Werkes von Schämes Scheuß." In: *Schreibheft. Zeitschrift für Literatur* 39 (Mai 1992), S. 143-156. (Übersetzung von FW 309-321.)

Dieter H. Stündel (Üb.): *Finnegans Wehg. Kainnäh ÜbelSätzZung des Wehrkeß fun Schämes Scheuß*. Darmstadt: Häusser 1993. (Nachdruck Frankfurt a.M.: Zweitausendeins 1996.)

Manfred Triesch: Übersetzungssplitter in: Anthony Burgess: *Ein Mann in Dublin namens Joyce*. Bad Homburg / Berlin / Zürich: Gehlen 1968.

Robert Weninger (Üb.): „Ein Übertragungsversuch." In: ders.: *The Mookse and The Gripes. Ein Kommentar zu Joyces „Finnegans Wake"*. München: edition text + kritik 1984, S. 210-218.

Robert Weninger: „An den Grenzen der Sprache. Bemerkungen zur (Un-) Übersetzbarkeit von *Finnegans Wake* mit einer Kostprobe: ‚Der

Muhkus und Der Trauben'.“ In: *Protokolle* 1 (1985), S. 85-102. (Übersetzung von FW 152-159 mit vorangestelltem Kommentar.)

Robert Weninger (Üb.): „Der Muhkus und Der Trauben.“ In: Reichert u. Senn (Hg.), *Finnegans Wake Deutsch*, S. 116-123. (Übersetzung von FW 152-159.)

Hans Wollschläger (Üb.): „Anna Livia Plurabelle.“ In: James Joyce: *Anna Livia Plurabelle*. Hg. v. Klaus Reichert. Frankfurt a.M.: Suhrkamp 1970 (Taschenbuchnachdruck: 1982), S. 99-133. (Nachdruck in: James Joyce: *Gesammelte Gedichte / Anna Livia Plurabelle*. Frankfurt a.M.: Suhrkamp 1981, S. 279-329.) (Übersetzung von FW 196-216.)

Hans Wollschläger (Üb.): „Anna Livia Plurabelle.“ In: Reichert u. Senn (Hg.), *Finnegans Wake Deutsch*, S. 198-219. (Übersetzung von FW 196-216.)

2.   Buchveröffentlichungen über Joyce mit Abschnitten über *Finnegans Wake*

Wilfried Armonies: *Lesen und Schreiben. Bedingungen und Wirkungen der Textproduktion von James Joyce' „Finnegans Wake“ und Arno Schmidts „Zettel's Traum“*. Frankfurt a.M.: Materialis / Edition Delta Tau 1995.

Armin Arnold: *James Joyce*. Berlin: Colloquium 1963.

Anthony Burgess: *Ein Mann in Dublin namens Joyce*. Üb. v. Gisela u. Manfred Triesch. Bad Homburg / Berlin / Zürich: Gehlen 1968. – Neuübersetzung unter dem Titel: *Joyce für Jedermann. Eine Einführung in das Werk von James Joyce für den einfachen Leser*. Üb. v. Friedhelm Rathjen. Frankfurt a.M.: Frankfurter Verlagsanstalt 1994. (Taschenbuchnachdruck Frankfurt a.M.: Suhrkamp 2004.)

Mary & Padraic Colum: *Unser Freund James Joyce*. Üb. v. Klaus Pemsel. Mit einem Vorwort v. Fritz Senn. Stuttgart: Oktaven 2018.

Stan Gébler Davis: *James Joyce. Das bewegte Leben des großen irischen Schriftstellers*. Üb. v. Holger Fliessbach. München: Heyne 1987.

Richard Ellmann: *James Joyce*. Üb. v. Albert W. Hess, Klaus u. Karl H. Reichert. Zürich: Rhein-Verlag 1961. (Taschenbuchdruck Frankfurt a.M.: Suhrkamp 1978; veränderte Neuausgabe Frankfurt a.M.: Suhrkamp 1994.)

Willi Erzgräber: *James Joyce. Mündlichkeit und Schriftlichkeit im Spiegel experimenteller Erzählkunst.* Tübingen: Narr 1998.

Sabine Fabo: *Joyce und Beuys. Ein intermedialer Dialog.* Heidelberg: Winter 1997.

Thomas Faerber u. Markus Luchsinger: *Joyce in Zürich.* Zürich: Unionsverlag 1988.

Wilhelm Füger. *James Joyce. Epoche – Werk – Wirkung.* München: Beck 1994.

Wilhelm Füger (Hg.): *Kritisches Erbe. Dokumente zur Rezeption von James Joyce im deutschen Sprachbereich zu Lebzeiten des Autors. Ein Lesebuch.* Amsterdam: Rodopi 2000.

Herbert Gorman: *James Joyce. Sein Leben und sein Werk.* Mit einem Nachtrag v. Carola Giedion-Welcker. Üb. v. Hans Hennecke. Hamburg: Claassen 1957.

Stefan Gradmann: *Das Ungetym. Mythos, Psychoanalyse und Zeichensynthesis in Arno Schmidts Joyce-Rezeption.* München: edition text + kritik 1986.

John Gross: *James Joyce.* München: dtv 1974.

Christian Hein: *Finnegans Fast-Nacht. Formen literarischer Karnevalisierung in James Joyces Finnegans Wake.* Würzburg: Königshausen & Neumann 2010.

Maren Jäger: *Die Joyce-Rezeption in der deutschsprachigen Erzählliteratur nach 1945.* Tübingen: Niemeyer 2009.

Sibylle Kisro-Volker: *Die unverantwortete Sprache. Esoterische Literatur und atheoretische Philosophie als Grenzfälle medialer Selbstreflexion. Eine Konfrontation von James Joyces „Finnegans Wake" und Ludwig Wittgensteins „Philosophischen Untersuchungen".* München: Fink 1981.

Thomas Köhler: *James Joyce und John Cage. Welt – Klang – Text.* Hannover: Wehrhahn 2000.

Christa-Maria Lerm Hayes: *James Joyce als Inspirationsquelle für Joseph Beuys.* Hildesheim: Olms 2001.

Jane Lidderdale u. Mary Nicholson: *Liebe Miss Weaver. Ein Leben für Joyce.* Frankfurt a.M.: Insel 1974.

Brenda Maddox: *Nora. Das Leben der Nora Joyce*. Üb. v. Karin Kersten. Köln: Kiepenheuer & Witsch 1990.

Jacques Mercanton: *Die Stunden des James Joyce*. Üb. v. Markus Hediger. Basel: Lenos 1993.

Hildegard Möller: *A Wake Bestiary. Mit Untersuchungen zur Tiersymbolik in James Joyces „Finnegans Wake"*. Herne: Schäfer 1999.

Uwe Multhaup: *James Joyce*. Darmstadt: Wissenschaftliche Buchgesellschaft 1980.

Edna O'Brien: *James Joyce*. Üb. v. Holger Fließbach unter Mitarbeit v. Christoph Nettersheim. München: Claassen 2004.

Hans-Christian Oeser u. Jürgen Schneider: *James Joyce*. Frankfurt a.M.: Suhrkamp 2007.

Jean Paris: *James Joyce in Selbstzeugnissen und Bilddokumenten*. Üb. v. Guido G. Meister. Hamburg: Rowohlt 1960.

Josef W. Pesch: *Wilde, About Joyce. Zur Umsetzung ästhetizistischer Kunsttheorie in der literarischen Praxis der Moderne*. Frankfurt a.M.: Lang 1992.

David Pierce: *James Joyces Irland*. Üb. v. Jörg W. Rademacher u. Cristoforo Schweeger. Basel: Bruckner & Thünker 1996.

Dieter Polloczek: *Vernetzungsstrukturen. Faulkner, Pynchon, Barthelme*. München: Fink 1993.

Arthur Power: *Gespräche mit James Joyce*. Eingeführt u. hg. v. Clive Hart. Üb. v. Werner Morlang. Frankfurt a.M.: Suhrkamp 1978.

Jörg W. Rademacher: *James Joyce*. München: dtv 2004. Neuausgabe: *James Joyce. Ein Leben in sieben Stationen*. Trier: Wissenschaftlicher Verlag 2009.

Friedhelm Rathjen: *„... schlechte Augen": James Joyce bei Arno Schmidt vor „Zettels Traum". Ein annotierender Kommentar*. München: edition text + kritik 1988.

Friedhelm Rathjen,: *Bargfeld → Dublin. Mit Arno Schmidt zurück zu James Joyce. Dialoge – Rezensionen – Komparatistisches*. Frankfurt a.M.: Bangert & Metzler 1992.

Friedhelm Rathjen: *„... in fremden Zungen": James Joyce bei Arno Schmidt ab „Zettels Traum". Mit Ergänzungen zu Schmidts Werk bis 1965. Ein annotierender Kommentar*. München: edition text + kritik 1995.

Friedhelm Rathjen: *James Joyce*. Reinbek: Rowohlt 2004.

Friedhelm Rathjen: *Dritte Wege. Kontexte für Arno Schmidt und James Joyce*. Scheeßel: Edition ReJoyce 2005, S. 109-126.

Friedhelm Rathjen: *Flußgefließe. Aufsätze zu James Joyce*. Scheeßel: Edition ReJoyce 2008.

Friedhelm Rathjen: *Doublin' Dublin. Vorträge und anderes zu James Joyce und Samuel Beckett*. Südwesthörn: Edition ReJoyce 2012.

Friedhelm Rathjen: *Triplin' Dublin. Nach- und Überträge zu James Joyce und Samuel Beckett*. Südwesthörn: Edition ReJoyce 2015.

Friedhelm Rathjen: *Die Höllenschmiede. Arno Schmidt zerschlossert James Joyce*. Südwesthörn: Edition ReJoyce 2019.

Friedhelm Rathjen: *Die Schlüsselschmiede. Materialien zu Arno Schmidts Joyce-Rezeption*. Südwesthörn: Edition ReJoyce 2020.

Daniel von Recklinghausen: *James Joyce. Chronik von Leben und Werk*. Frankfurt a.M.: Suhrkamp 1968.

Klaus Reichert: *Vielfacher Schriftsinn. Aufsätze zu „Finnegans Wake"*. Frankfurt a.M.: Suhrkamp 1989.

Klaus Reichert: *Welt-Alltag der Epoche. Essays zum Werk von James Joyce*. Frankfurt a.M.: Suhrkamp 2004.

Fritz Senn: *Nichts gegen Joyce. Joyce versus Nothing. Aufsätze 1959-1983*. Hg. v. Franz Cavigelli. Zürich: Haffmans 1983.

Fritz Senn: *Nicht nur Nichts gegen Joyce. Aufsätze über Joyce und die Welt 1969-1999*. Hg. v. Friedhelm Rathjen. Zürich: Haffmans 1999.

Fritz Senn: *Noch mehr über Joyce. Streiflichter*. Hg. v. Sabine Baumann. Frankfurt a.M.: Schöffling 2012.

Carol Loeb Shloss: *Lucia Joyce. Die Biographie der Tochter*. Üb. v. Michael Müller. München: Knaus 2007.

Catrin Siedenbiedel: *Metafiktionalität in „Finnegans Wake". Das Weibliche als Prinzip selbstreflexiven Erzählens bei James Joyce*. Würzburg: Königshausen & Neumann 2005.

Wolfgang Streit: *Der Wille zum Wissen bei James Joyce*. Hamburg: Libri Books on Demand 1999.

Dirk Vanderbeke: *Worüber man nicht sprechen kann. Aspekte der Undarstellbarkeit in Philosophie, Naturwissenschaft und Literatur*. Stuttgart: M & P 1995.

Robert Weninger: *Arno Schmidts Joyce-Rezeption 1957-1970. Ein Beitrag zur Poetik Arno Schmidts.* Frankfurt a.M.: Lang 1982.

Robert Weninger: *The Mookse and The Gripes. Ein Kommentar zu James Joyces „Finnegans Wake".* München: edition text + kritik 1984.

Rainer A. Wirth: *Welt / Spiegel / Buch. Theorie der Fiktionalität und James Joyces Prosa.* Frankfurt a.M.: Lang 2000.

Ursula Zeller, Ruth Frehner u. Hannes Vogel (Hg.): *James Joyce: „gedacht durch meine Augen".* Basel: Schwabe 2000.

3. Unselbständige Veröffentlichungen über *Finnegans Wake*

Kristina Ahrens: „Georg Goyert und ‚Anna Livia Plurabelle'. Über die (Un-) Möglichkeit einer Übersetzung von James Joyces *Finnegans Wake.*" In: Kerstin Barlach, Hannah Breuer, Carolin Brinkhoff u. Miriam Prellwitz (Hg.): *Georg Goyert. Sein Leben und seine Übersetzungen. Mit einer Bibliographie.* Berlin: Bachmann 2017, S. 35-50.

Anon.: „Joyce-Übersetzung. Wsch! Ne Möwe." In: *Der Spiegel* 22 (15. Januar 1968), S. 104.

Samuel Beckett, „Dante ... Bruno . Vico .. Joyce." In: ders.: *Stücke. Kleine Prosa. Auswahl in einem Band.* Üb. v. Erika u. Elmar Tophoven. Frankfurt a.M.: Suhrkamp 1967, S. 9-29. (Nachdruck in: ders.: *Disjecta. Vermischte Schriften und ein szenisches Fragment.* Hg. v. Ruby Cohn. Berlin: Suhrkamp 2010, S. 25-48.)

Eske Bockelmann: „Die kesse Wehr. James Joyce, übersetzt." In: *Neue Rundschau* 113.3 (2002), S. 177-185.

Jorge Luis Borges: „16. Juni 1939. Bücher. Das neueste Buch von Joyce." In: ders.: *Der Essays zweiter Teil. Geschichte der Ewigkeit. Von Büchern und Menschen.* Üb. v. Gisbert Haefs, Kurt Meyer-Clason u. Karl August Horst. München: Hanser 2005, S. 442 f.

Stephan Braese: „*Mary Stuart, Anna Livia Plurabelle, Zeiten in Cornwall.*" In: ders.: *Jenseits der Pässe. Wolfgang Hildesheimer. Eine Biographie.* Göttingen: Wallstein 2016, S. 355-368.

Michel Butor: „Kleine vorläufige Kreuzfahrt zur Erkundung des Archipels James Joyce." In: ders.: *Kreuzfahrten durch die moderne Literatur.* Üb. v. Helmut Scheffel. Frankfurt a.M.: Qumran 1984, S. 175-209.

Michel Butor: „Skizze für einen Zugang zu ‚Finnegan‘.“ In: ders.: *Kreuzfahrten durch die moderne Literatur.* Üb. v. Helmut Scheffel. Frankfurt a.M.: Qumran 1984, S. 210-231.

Vladimir Dixon: „Ein Brüf an Mr. James Joyce.“ Üb. v. Werner Schmitz. In: Gerd Haffmans (Hg.): *Der Rabe 2.* Zürich: Haffmans 1983, S. 215.

Jörg Drews: „Zum Lachen schwierig: Vor 50 Jahren erschien James Joyces *Finnegans Wake.*“ In: *Süddeutsche Zeitung,* 7. August 1989.

Jörg Drews: „James Joyce und Arno Schmidt.“ In: Rudi Schweikert (Hg.): *Zettelkasten 10. Aufsätze und Arbeiten zum Werk Arno Schmidts. Jahrbuch der Gesellschaft der Arno-Schmidt-Leser 1991.* Frankfurt a.M.: Bangert & Metzler 1991, S. 183-195.

Jörg Drews: „Schmidt und Joyce, und im Hintergrund der Dritte.“ In: *Protokolle* 1 (1992), S. 5-22. (Nachdruck in: Jörg Drews: *Im Meer der Entscheidungen. Aufsätze zum Werk Arno Schmidts 1963-2009.* Hg. v. Axel Dunker. München: edition text + kritik 2014, S. 165-184.)

Jörg Drews: „Nur fur teutsche Zungen.“ In: *Süddeutsche Zeitung,* 16. September 1993.

Jörg Drews: „Parforce-Ritt zur Unsterblichkeit, oder In ein teutsches Modell vergossen.“ In: *Neue Deutsche Literatur* 41 (1993), S. 147-155.

Axel Dunker: „ZT 1132: ‚Cunnyng is great! Solleve! Sol leve!‘ Arno Schmidts Hommage an James Joyce.“ In: *Bargfelder Bote* Lfg. 100 (18. Januar 1986), S. 52-62.

Axel Dunker: „‚Njus fromm hell‘. Dualistische Prinzipien in Schmidts Erzählung ‚Caliban über Setebos‘.“ In: *Bargfelder Bote* Lfg. 146-147 (Juni 1990), S. 3-26.

Axel Dunker: „‚Man begeht kein Plagiat an sich selbst‘. Zur Transformation der Werke von James Joyce und Heinrich Albert Oppermann in Arno Schmidts Erzählung ‚Großer Kain‘.“ In: *Bargfelder Bote* Lfg. 152-153 (März 1991), S. 3-20.

Umberto Eco: „Die Poetiken von Joyce. Von der *Summa* zu *Finnegans Wake.*“ In: ders.: *Das offene Kunstwerk.* Üb. v. Günter Memmert. Frankfurt a.M.: Suhrkamp 1973, S. 293-442.

Horace Engdahl: „Tempounterschiede.“ Üb. v. Friedhelm Rathjen. In: *Bargfelder Bote* Lfg. 333-335 (Oktober 2010), S. 12-19.

Peter Erlebach: „James Joyce, *Finnegans Wake* (1939)." In: ders.: *Theorie und Praxis des Romaneingangs Untersuchungen zur Poetik des englischen Romans*. Heidelberg: Winter 1990, S. 270-283.

Willi Erzgräber: „Auditive und visuelle Appelle in James Joyces *Finnegans Wake*." In: *Anglia* 106 (1988), S. 111-123.

Willi Erzgräber: „Mündlich tradiertes Wissen in *Finnegans Wake*." In: Paul Goetsch (Hg.): *Mündliches Wissen in neuzeitlicher Literatur*. Tübingen: Narr 1990, S. 149-169.

Attila Fáj: „Neuer Schlüssel zu *Finnegans Wake* von James Joyce." In: *Ural-Altaische Jahrbücher* 54 (1982), S. 97-107.

William Franke: „Typologische Wiedererschaffung und die theologische Berufung der Dichtkunst, oder: Wie *Finnegans Wake* als Kulmination christlicher Epik zu lesen ist." In: ders.: *Dichtung und Apokalypse. Theologische Erschließungen der dichterischen Sprache*. Üb. v. Ursula Liebing u. Michael Sonntag. Innsbruck: Tyrolia 2011, S. 127-154.

Werner Fuld: „Kein Weg zu Finnegan." In: *Frankfurter Allgemeine Zeitung*, 5. Oktober 1993.

Wilhelm Gauger: „Literatur und Transzendenz: *A Glastonbury Romance* und *Finnegans Wake*." In: Ulrich Horstmann u. Wolfgang Zach (Hg.): *Kunstgriffe. Festschrift für Herbert Mainusch*. Frankfurt a.M.: Lang 1989, S. 92-100.

Wilhelm Gauger: „Fanny Urinia: Ein Strömungsprinzip in *Finnegans Wake*." In: *Delta Tau. ZeitSchrift für TopoLogie und StörungsKund*e 2 (Juni 1987), S. 31-38.

Richard Gerber: „James Joyce, Anna Livia Plurabelle." In: *Neue Rundschau* 82.3 (1971), S. 570-573.

Carola Giedion-Welcker: „Work in Progress. Ein sprachliches Experiment von James Joyce." In: *Neue Schweizerische Rundschau* 22.9 (September 1929), S. 660-671. (Nachdruck in: Carola Giedion-Welcker: *Schriften 1926-1971. Stationen zu einem Zeitbild*. Hg. v. Reinhold Hohl. Köln: DuMont Schauberg 1973, S. 39-48.)

Carola Giedion-Welcker: „Mythisches und Sprachliches in *Finnegans Wake*." In: *Neue Zürcher Zeitung*, 27. März 1954.

Volker Hagedorn: „Sieben Kilo Rätsel. James Joyces *Finnegans Wake*. Versuch einer Übersetzung." In: *Rotenburger Kreiszeitung*, 19. Juli 1993.

Katharina Hagena: „Stimme und Schrift in James Macphersons *The Poems of Ossian* und deren Echo in Joyces *Finnegans Wake*." In: *Anglia* 118.3 (2000), S. 352-372.

Martin Halter: „Fingerübungen zu *Finnegans Wake*. Der neu herausgegebene Band *Finn's Hotel* vereint alte und neue Texte aus der Werkstatt von James Joyce." In: *Tages-Anzeiger*, 6. Dezember 2014.

Kurt Heinrich Hansen: „Große Kunst mit kleinem Gelächter. Zu James Joyces *Finnegans Wake*." In: *Die Zeit*, 3. Februar 1961.

Kurt Heinrich Hansen: „Der Ungehorsam des Einzelgängers. Anklage und Identifikation in FINNEGANS WAKE. Versuch einer Interpretation des Joyce'sehen Protestes." In: Kurt Lothar Tank (Hg.): *Proteste Proteste Proteste. Dokumentation, Analyse, Kritik. Eckart-Jahrbuch 1968*. Witten / Berlin: Eckart 1968, S. 117-134.

Ihab Hassan: „( ): *Finnegans Wake* und die schöpferische Fantasie der Postmoderne." Üb. v. Bernd Klähn. In: *Schreibheft. Zeitschrift für Literatur* 29 (1987), S. 48-58.

David Hayman u. Reinhold Grimm: „Das besessene Tintenfaß. *Finnegans Wake* – von hinten gelesen." In: *Die Zeit*, 22. Januar 1981.

Waltraud Henrici: „Anspielungen auf Ibsens Dramen in *Finnegans Wake*." In: *Orbis Litterarum* 23.2 (1968), S. 127-160.

Wolfgang Hildesheimer: „Über Arno Schmidt als Übersetzer und Interpret von ‚Finnegans Wake': Drei Briefe an die Darmstädter Akademie." In: *Bargfelder Bote* Lfg. 288-289 (März 2006), S. 11-14.

Gerhard Hoffmann: „Archetyp, Symbol und Mythos: J. Joyce, *Finnegans Wake* (1939)." In: ders.: *Raum, Situation, erzählte Wirklichkeit. Poetologische Studien zum englischen und amerikanischen Roman.* Stuttgart: Metzler 1978, S. 351-366.

Curt Hohoff: „*Finnegans Wake* – James Joyces letzter Roman." In: *Süddeutsche Zeitung*, 7. April 1951.

Werner von Koppenfels: „Fingerübungen für Finnegan: Ist *Finn's Hotel* tatsächlich ein neu entdeckter Joyce-Zyklus?" In: *Neue Zürcher Zeitung*, 4. Oktober 2014.

Jürg Laederach: „Der nette Herr Finnegan als Hirnmasseur. Zu Dieter Stündels Joyce-Übersetzung." In: ders.: *Eccentric. Kunst und Leben: Figuren der Seltsamkeit.* Frankfurt a.M.: Suhrkamp 1995, S. 141-144.

Peter Luft: „Sprache jenseits der Sprache. Die Konstituierung einer neuen Kommunikationsform zwischen Autor und Leser bei James Joyce und Paul Celan." In: Peter Rau (Hg.): *Widersprüche im Widersprechen. Historische und aktuelle Ansichten der Verneinung. Festgabe für Horst Meixner zum 60. Geburtstag*. Frankfurt a.M.: Lang 1996, S. 137-155.

Eudo C. Mason: „Zu Joyces *Finnegans Wake*." In: ders.: *Exzentrische Bahnen. Studien zum Dichterbewußtsein der Neuzeit*. Göttingen: Vandenhoeck & Ruprecht 1963, S. 284-292.

Lothar Müller: „Eine reizende Mitgift. Sind die elf Prosastücke, die nun unter dem Titel *Finn's Hotel* vorliegen, ein integrales, jedoch aufgegebenes Zwischenwerk von James Joyce oder doch nur Vorarbeiten zu *Finnegans Wake*?" In: *Süddeutsche Zeitung*, 24. Oktober 2014, S. 14.

Ansgar Nünning: „Probleme sprachlicher Wirklichkeitserfassung: James Joyces experimentelle Romane." In: ders.: *Der englische Roman des 20. Jahrhunderts*. Stuttgart: Klett 1998, S. 63-68.

Friedhelm Rathjen: „Leidenschaft mit Widerhaken. Aus der Beziehungskiste Joyce / Schmidt." In: Thomas Krömmelbein u. Martin Lowsky (Hg.): *Zettelkasten 9. Aufsätze und Arbeiten zum Werk Arno Schmidts. Arno Schmidts Hausgötter. Erste Folge: Von Johann Gottfried Schnabel bis James Joyce*. Frankfurt a.M.: Bangert & Metzler 1991, S. 275-293. (Nachdruck in: Friedhelm Rathjen: *Inselwärts. Arno Schmidt und die Literaturen der britischen Inseln*. Scheeßel: Edition ReJoyce 2008, S. 85-99.)

Friedhelm Rathjen: „Nöö, Euer Maddetät! Überlegungen zu Status und Theorie der Schmidtschen *Finnegans-Wake*-Übersetzungen und ein Gegenentwurf." In: Rudi Schweikert (Hg.): *Zettelkasten 10. Aufsätze und Arbeiten zum Werk Arno Schmidts. Jahrbuch der Gesellschaft der Arno-Schmidt-Leser 1991*. Frankfurt a.M.: Bangert & Metzler 1991, S. 197-229. (Nachdruck in: Friedhelm Rathjen: *Bargfeld Transfer: Studien zu Arno Schmidt als Übersetzer und Transformator*. Scheeßel: Edition ReJoyce 2010, S. 123-143.)

Friedhelm Rathjen: „Schämes Scheuss wirrdeutscht. Anmerkungen zur Übersetzung von *Finnegans Wake*." In: *Merkur* 46.5 = 518 (Mai 1992), S. 407-414.

Friedhelm Rathjen: „*Finnegans Wake*, plattgemacht." In: *konkret* 9 (September 1993), S. 52-55.

Friedhelm Rathjen: „‚Primitiver Spiel' – nicht von James Joyce. Dieter H. Stündel (üb)ersetzte *Finnegans Wake*. In: *Basler Zeitung*, 1. September 1993.

Friedhelm Rathjen: „Quadratur des Kreises. Zur Übersetzung von *Finnegans Wake* ins Deutsche." In: *Griffel. Magazin für Literatur und Kritik* 1 (Juni 1995), S. 65-68.

Friedhelm Rathjen: „Vom Arnotator zum Hyperschmidt. Überlegungen zur Erläuterbarkeit komplexer Texte im Zeitalter der Elektronik." In: *Bargfelder Bote* Lfg. 250 (Oktober 2000), S. 3-21. (Nachdruck in: Friedhelm Rathjen: *Bargfeld Transfer. Studien zu Arno Schmidt als Übersetzer und Transformator*. Scheeßel: Edition ReJoyce 2010, S. 163-172.)

Friedhelm Rathjen: „Smithereens. Zum Nach(t)leben von James Joyce, Robert Burns und Thorne Smith in ‚Caliban über Setebos'." In: Robert Weninger (Hg.): *Wiederholte Spiegelungen. Elf Aufsätze zum Werk Arno Schmidts*. München: edition text + kritik 2003, S. 129-154. (Nachdruck in: Friedhelm Rathjen: *Westwärts. Arno Schmidt und die amerikanische Literatur*. Scheeßel: Edition ReJoyce 2007, S. 129-153.)

Friedhelm Rathjen: „Namen, Titel, Zitate übersetzen. Zehn Regeln aus der Praxis, abgeleitet von und angewandt auf Übersetzungen der Joyce-Romane *Ulysses* und *Finnegans Wake*." In: ders.: *Quadratur des Kreises. Zum Übersetzen*. Scheeßel: Edition ReJoyce 2009, S. 93-126.

Friedhelm Rathjen: „Joyce, erdwärts gekehrt. Neue Details zu Genese und Verwertung von Schmidts ‚Finnegans-Wake'-Übersetzungen." In: *Bargfelder Bote* Lfg. 389-390 (Mai 2015), S. 17-30.

Friedhelm Rathjen: „Unübersetzbarst. Fragebogenantworten zur Übersetzungsarbeit an *Finnegans Wake* von James Joyce." In: ders.: *Literatur und Betrieb. Berichte aus den Niederungen*. Südwesthörn: Edition ReJoyce 2017, S. 141-143.

Friedhelm Rathjen: „Joyce, James (1882-1941)." In: ders.: *Von Tatwin of Canterbury bis John Lennon: Kommentiertes Register der von Arno Schmidt rezipierten Autoren aus der anglophonen Welt.* Südwesthörn: Edition ReJoyce 2018, S. 161-171.

Friedhelm Rathjen: „Freud und Leibreiz. Was ändert sich bei Schmidt durch die Entdeckung der Psychoanalyse um die Jahreswende 1961/62?" In: *Bargfelder Bote* Lfg. 435-437 (Juni 2019), S. 29-44.

Klaus Reichert: „*Finnegans Wake* – Zum Problem einer Übersetzung. Der Wildschütz." In: *Neue Rundschau* 83.1 (1972), S. 165-169.

Klaus Reichert: „NachtSprache. Vom unübersetzbaren Unikum. James Joyce *Finnegans Wake* in Annäherungsversuchen auf Deutsch." In: *Frankfurter Rundschau*, 19. August 1989.

Christine Richard: „Alles nur Myst? *Finnegans Wake* in deutscher Übersetzung." In: *Basler Zeitung*, 24. Juni 1991.

Gerhard Charles Rump: „*Finnegans Wake* oder das Universum des James Joyce." In: ders. (Hg.): *Sprachnetze. Studien zur literarischen Sprachverwendung.* Hildesheim: Olms 1976, S. 140-219.

Gert Schiff: „James Joyces *Finnegans Wake*: Ein paar Umrisse des Werks." In: *Frankfurter Allgemeine Zeitung*, 28. Februar 1959.

Gert Schiff: „Das schwierigste Werk der Weltliteratur. *Finnegans Wake* ist anderes und mehr als Familienzank." In: *Die Zeit*, 27. Januar 1961.

Arno Schmidt: „Der Triton mit dem Sonnenschirm. (Überlegungen zu einer Lesbarmachung von FINNEGANS WAKE von James Joyce.)" In: ders.: *Der Triton mit dem Sonnenschirm. Großbritannische Gemütsergetzungen.* Karlsruhe: Stahlberg 1969, S. 194-253. (Nachdruck in: ders.: *Dialoge 3.* Bargfelder Ausgabe, Bd. II/3. Zürich: Haffmans 1991, S. 31-70.)

Arno Schmidt: „Das Buch Jedermann JAMES JOYCE zum 25. Todestage." In: ders.: *Der Triton mit dem Sonnenschirm. Großbritannische Gemütsergetzungen.* Karlsruhe: Stahlberg 1969, S. 254-291. (Nachdruck in: ders.: *Essays und Aufsätze 2.* Bargfelder Ausgabe, Bd. III/4. Zürich: Haffmans 1995, S. 115-129.)

Arno Schmidt: „Das Geheimnis von Finnegans Wake." In: ders.: *Dialoge 2.* Bargfelder Ausgabe, Bd. II/2. Zürich: Haffmans 1990, S. 433-474. (Gekürzte Druckfassung in: *Die Zeit*, 2./9./16. Dezember 1960.

Nachdruck in: Arno Schmidt: *Essays und Aufsätze 2*. Bargfelder Ausgabe, Bd. III/4. Zürich: Haffmans 1995, S. 32-54.)

Arno Schmidt: „Kaleidoskopische Kollidier=Eskapaden." In: ders.: *Der Triton mit dem Sonnenschirm. Großbritannische Gemütsergetzungen*. Karlsruhe: Stahlberg 1969, S. 292-320. (Nachdruck in: ders.: *Dialoge 3*. Bargfelder Ausgabe, Bd. II/3. Zürich: Haffmans 1991, S. 231-256.)

Jürgen Schneider: „Exkurs(ion): *Ulysses* and *Finnegans Wake* von James Joyce." In: Hans-Christian Oeser: *Treffpunkt Irland. Ein literarischer Reiseführer*. Stuttgart: Reclam 1996, S. 77-91.

Ralf Schnell: „Beuys und Joyce." In: Angela Krewani (Hg.): *Artefakte Artefiktionen. Transformationsprozesse zeitgenössischer Literaturen, Medien, Künste, Architekturen*. Heidelberg: Winter 2000.

Kathrin Schödel: „Intertextueller Dialog: Dantes ‚Belacqua' in Samuel Becketts Roman *Dream of Fair to Middling Women*." In: *Deutsches Dante-Jahrbuch* 77 (2002), S. 149-173.

Joe Schork: „Feldkirch in *Finnegans Wake*." In: *Montfort* 41 (1989), S. 308-311.

Gabriele Schwab: „*Finnegans Wake* oder die polylogische Sprachsubjektivität." In: dies.: *Entgrenzungen und Entgrenzungsmythen. Zur Subjektivität im modernen Roman*. Wiesbaden: Steiner 1987, S. 109-137.

Helmut Schwimmer: „Die Musik in *Finnegans Wake*." In: *Melos* 35 (1968), S. 133-140.

Hanjo Seissler: „James Joyce: *Finnegans Wake*. Der Mann, der Anna Livia liebte." In: *ADAC Special. Das Reisemagazin* 34 (August 1996): *Irland*, S. 76-86.

Robert Stockhammer: „Wie deutsch ist es? Glottamimetische, -diegetische, -pithanone, und -aporetische Verfahren in der Literatur." In: *Arcadia* 50.1 (2015), S. 146-172.

Dirk Van Hulle: „Zum editorischen Umgang mit Notizbüchern, mit einem besonderen Blick auf Joyces *Finnegans Wake*-Notebooks." In: *Editio* 18 (2004), S. 145-156.

Robert Weninger: „‚Ein Autor als Leser. Arno Schmidts Arbeitsexemplar von James Joyces *Finnegans Wake*.'" In: *Der Haide Anzeiger* 10 (Oktober 1986), S. 3-10.

Otto-Karl Werckmeister: „Das Book of Kells in *Finnegans Wake*.“ In: *Neue Rundschau* 77 (1966), S. 44-63.
Willi Winkler: „Ordspindelvaev.“ In: *Die Zeit*, 29. Oktober 1993.
Hans Wollschläger: „Erzähl mir alles – – –. Eberhard Schlotter über Anna Livia Plurabelle.“ In: Rolf Becks (Hg.): *Eberhard Schlotter. Ein Gruß der Freunde und Kollegen zu seinem 50. Geburtstag*. Darmstadt: Bläschke 1970, S. 101-106.

Nachweise

„Von Roderick O'Connor zu H. C. Earwicker": In dieser Form Erstdruck. Stark erweiterte verschriftlichte Fassung eines Vortrags, gehalten auf Einladung von Steffi Hobuß und Andreas Jürgens am 28. April 2015 in einem Seminar der Universität Lüneburg. Verarbeitet wurde Material aus den Nachworten zweier Editionen: James Joyce, *Mamalujo. Drei Fassungen eines Kapitels aus „Finnegans Wake"* (Südwesthörn: Edition ReJoyce 2014), und James Joyce, *Earwicker. Fünf Fassungen eines Kapitels aus „Finnegans Wake"* (Südwesthörn: Edition ReJoyce 2015).

„Entlang der Flußgefließe": In dieser Form Erstdruck. Verarbeitet wurde Material aus der Edition: James Joyce, *Winnegans Fake. Aus dem Spätwerk* (Südwesthörn: Edition ReJoyce 2012),

„James Joyce über *Finnegans Wake*": Kompiliert für den vorliegenden Band.

„Themenbibliographie *Finnegans Wake* für die deutschsprachige Leserschaft": Kompiliert für den vorliegenden Band.

James Joyce in der

ƎDITION ReJOYCE

James Joyce: *Winnegans Fake. Aus dem Spätwerk.* ISBN 978-3-00-037359-6, € 50,-. – Gebunden.
Passagen aus *Finnegans Wake* und zwei kleinere Texte im Stil des *Wake*, präsentiert im Original und in deutscher Übersetzung. Limitiert auf 111 numerierte und vom Übersetzer signierte Exemplare.

James Joyce: *Irland auf der Anklagebank. Reportagen aus der irischen Wirklichkeit.* ISBN 978-3-00-042744-2, € 35,-. – Gebunden.
Reportagen zu Kultur, Literatur und Politik Irlands aus der Zeitung *Il Piccolo della Sera*, im italienischen Original und auf deutsch. Limitiert auf 111 numerierte und vom Übersetzer signierte Exemplare.

James Joyce: *Mamalujo. Drei Fassungen eines Kapitels aus „Finnegans Wake".* ISBN 978-3-00-047620-4, € 35,-. – Gebunden.
Limitiert auf 111 numerierte und vom Übersetzer signierte Exemplare.

James Joyce: *Earwicker. Fünf Fassungen eines Kapitels aus „Finnegans Wake".* ISBN 978-3-00-049245-7, € 35,-. – Gebunden.
Limitiert auf 111 numerierte und vom Übersetzer signierte Exemplare.

Friedhelm Rathjen: *Flußgefließe. Aufsätze zu James Joyce.* ISBN 978-3-00-023428-6, € 17,-.
Flüssige Aufsätze, Miszellen und Rezensionen über den Joyceschen Umgang mit Homer und der irischen Literaturszene, über den Umgang nachgeborener Autoren, Musiker, Künstler und Übersetzer mit Joyce, über Vorbloom und Nachbloom, Blooms Tierleben und Mollys Pflanzennamen, über die Triebe von Shem und Shaun, das Treiben der Joyceaner und mancherlei mehr.

Friedhelm Rathjen: *Irish Company. Joyce & Beckett and more.* ISBN 978-3-00-031353-0, € 34,-. – Doppelband; gebunden.
On Joyce & Beckett, cycling & walking, Wicklow & Connemara, Molly & Bloom, horses & cattle, trivia & totality, translation & migration, ashplants & annotations, long ways & short cuts, connections & distractions.

Friedhelm Rathjen: *Doublin' Dublin. Vorträge und anderes zu James Joyce und Samuel Beckett.* ISBN 978-3-00-038603-9, € 20,-.
Mit Seitenblicken auf Marcel Proust, Herman Melville, Edward Thomas, Arno Schmidt und Jürg Laederach.

Friedhelm Rathjen: *Triplin' Dublin. Nach- und Überträge zu James Joyce und Samuel Beckett.* ISBN 978-3-00-048466-7, € 17,-.
Mit Seitenblicken auf John Lennon, William Faulkner, Ezra Pound, Arno Schmidt und Günter Eich.